「見えない力」を育てる武蔵野幼稚園の教え

「あと伸び」する子どもは強い心をもっている！

武蔵野幼稚園・柚木武蔵野幼稚園園長
原田小夜子

清流出版

はじめに――時代が変わっても大切な「生きる力」とは？

子育ての目的はなんでしょうか。それは、子どもの「幸せな自立」だと思います。経済的にも精神的にも自立できれば、社会の一員として充実した人生を送ることができます。

しかし、そのためにどんな力を子どもにつけさせたらいいかというと、よくわからないというのが、多くの親の思いではないでしょうか。

かつて多くの人が農家や家業を営んでいた時代には、現場で手伝わせることで、子どもに将来、身につけさせたいものを自然と養うことができました。ところが、現代になって誰もが自由に職業を選べるようになったので、子どもが将来どのような職に就くかまったく予想できなくなりました。

いまある職業も、10年後や20年後にＡＩやその他さまざまなテクノロジーに取って代わられてしまうかもしれませんし、いまは誰もが想像もしないような職業が誕生してもいることでしょう。

未来が予想できないだけに、将来どんな職業に就くかもわかりませんから、親御さんは、ともかく子どもの学力を上げよう、と考えるのではないでしょうか。

武蔵野幼稚園に子どもを通わせる親御さんたちの中には「勉強さえしっかりやれば、なんとかなると思っていた」という人もいます。そういう親に支持されるように、お勉強をさせるカリキュラムをびっしり組んでいる幼稚園や保育園もあります。

勉強は、もちろんできないよりはできたほうがいいのですが、それだけでは幸せにはなれません。「学力」や「偏差値」という一面的なものの見方ではなく、多面的に子どもを見て、褒《ほ》めたり励ましたりすることで、子どもの心を育てていく。

それが「困難だと思っても挑戦できる」「努力し続けられる」「最後までやり抜ける」といった「生きる力」です。これを武蔵野幼稚園では「目には見えない根っこを育てる教育」として運営の理念としてきました。

いまは長寿社会ですから、人生でずっとひとつの仕事だけをやるのではなく、中高年になって２つ目、３つ目の職業に就くかもしれません。根っこを伸ばし、太い幹をつくっておけば、いかようにも枝葉を伸ばしていけます。「生きる力」が備わっていれば、今後、どんな職業に就いても自分らしく、充実した人生を過ごしていけるはずです。

この「生きる力」は今後、社会がどのように変化しても、ＡＩが進歩しようとも、必ず生かされる「人間としての根本的な力」なのです。

時代に合わない学校の画一教育は、これから変わる

昨今、社会が加速度的に変化する状況に、学校教育が追いつけていない現状があります。実は文部科学省もこのことはよくわかっていて、近年、教育現場における指針となる学習指導要領の改訂が相次いでいます。

というのも、社会が人材として求める能力と学校で求められる能力との乖離《かいり》が大きくなっているため、社会の変化に柔軟に対応できる人を育てなければい

けないという危機感から改革が行われました。

いま教育界は、画一教育による知識詰込み型の教育から、思考力、応用力、表現力、問題解決能力を高めるような教育へと、社会の変化とともに変えていこうという大きな流れの中にあります。

ただ、方法論としてはまだまだ文科省も教育現場も手探り状態であるのが本当のところでしょう。方法論が見いだせないばかりに、「ＡＩ時代は職がなくなる」と不安だけ煽《あお》られた親御さんたちは、よけいに学力偏重、学歴至上主義になりつつあるように思います。

私たちは学力を小学校入学前につけさせるのではなく、その土台となる心の育ちを重視して園のカリキュラムを構成してきました。

「できる・できない」ではなく、過程を大切にして、がんばれる心、逆境にも負けない心を育てていく。心が育っていれば、勉強もよくできるようになるはずだし、ストレスにも強くなり、簡単にはへこたれなくなります。

私たちが大事だと思ってきた「人間としての根本的な力」をつけさせることが、いまの世の中ではいっそう重要になってきていると思っています。

現在のような不確実性の高い世の中では、ＡＩではできない変化に素早く対応する「適応能力」、課題を見つけて改善する方法を探っていく「問題解決能力」が求められます。

そのためには、「自分の頭で考え、自分で決断して行動する」ことがとても大切です。

それはすでに武蔵野幼稚園でこの45年以上行ってきたことでもあります。勉強ができるとか、足が速い、絵が上手といった目に見えやすい成長ではなく、心の育ちという目には見えない根っこの部分を伸ばしていけば、「あと伸び」して大人になって大きく花開きます。

そうした私たちの教育が間違っていなかったことは、卒園していった子どもたちが学級委員長や部活のキャプテン、部長などリーダーになったり、本人が園を訪れて感謝の言葉を述べてくれたりすることで確信を得ていきました。

本書では、私たちが積み重ねた経験から得られたノウハウをご紹介しながら、家庭で対応できる方法についてもわかりやすく解説しました。特に昨今、思い悩む親御さんが多い「発達障害」についても、1章分を割いて解説しています。

就学前のお子さんの成長で重視すべきことと、そうでないことを明らかにし、日々の子育ての判断の助けとなることを意識しました。

これからの世界を背負っていく未来ある子どもたちの成長のために、親御さんにとっての子育てのヒントになれば嬉しいです。

武蔵野幼稚園・柚木《ゆぎ》武蔵野幼稚園園長　原田小夜子

目次

第2章 人間の育ち方には順番がある

第3章 「違い」と「普通」を学ぼう

第4章 自己肯定感を高めて、自分で決めて行動する子に

第6章 子どもの「幸せな自立」のために親ができること

※本書に登場する園児の名前はすべて仮名です。
また、本書でいう「武蔵野幼稚園」は、武蔵野幼稚園と柚木武蔵野幼稚園の総称とします。

写真提供＝武蔵野幼稚園
イラスト＝こいしゆうか
ブックデザイン＝白畠かおり
編集協力＝岸川貴文

第1章

AIに取って代わられない子どもに育てるには

園の教育方針はすべて子どもが教えてくれた

私たち武蔵野幼稚園は、大人が考えた理論や教育方針ではなく、子どもたちを観察する中から、これと思える指導法を試行錯誤しながら定めてきた園です。その意味では、**この園のノウハウのすべては子どもたちから教えてもらったもの**といえます。

数年前の、年長のあるクラスでの出来事でも、子どもたちから大事なことをまた教えてもらうことができました。

このクラスは、この園始まって以来というくらい指導が難しい集団でした。この園で30年以上子どもたちを指導してきたベテランの女性教諭は、年度初めから驚いていました。なにしろ、毎朝子どもたちに当日の動きなどを伝える「朝の会」で座っていられる子が25人中、半分以下だったのですから。多くの子がフラフラと立ち歩いていて、先生の話を聞いているのかいないのか……。

園では年中の2学期（9月頃）から「話し合い活動」を行います。年長になると、工作をするときやお弁当を食べるとき、4、5人の小グループをつくり、そのリーダーを話し合って決めるのです。その話し合いも子どもたちそれぞれが他の興味に気を取られてしまい、話を煮詰めることができません。先生の話を聞くことができないから、友達の話もまともに聞くことができません。個性がそれぞれにありすぎてまったくまとまりがなく、幼い感じがありました。

担任にとって最初の試練がやってきたのは、年長の夏の「お泊り会」のときでした。

武蔵野幼稚園では年長の7月に2泊3日で御岳山《みたけさん》へ登山に行きます。御岳山は東京・青梅《おうめ》市にある929メートルの山。ハイキングではなく本格的な登山ですし、初めて親と離れて宿泊する子がほとんどですから、子どもにとっては相当ハードルが高いものです。

最初は「とにかく子どもが育っていないから、2泊3日も過ごせるか心配だ。今年は行けないんじゃないか」という懸念が出てきて教員同士で相当話し合いました。園児4、5人に対して教員がひとりつく体制ですが、先生たちの指示をきちんと聞くことができなければ、安全が確保できないからです。

お母さん方とクラス懇談会や個人面談でお子さんについての情報のやり取りを重ねていき、わが子に何を体験させたいのか、共有することで安心感が生まれ、ひとりひとりの2泊3日のプランを考えました。それをまた子どもに伝えることで納得して参加することができ、無事に行って帰ってくることができました。

跳び箱で見えた子どもの成長

夏休みが終わるとすぐに運動会の取り組みが始まります。

年長はいつも4段の跳び箱に挑戦することが目標になっていて、毎年ほとんどの子が跳べるようになります。4段の跳び箱というと、小学3年生が取り組むぐらいのレベルのものですから、かなり難易度は高いです。

誰もが容易にできるものを課しても、子どもはできて当たり前と思いますから、達成感はありません。**がんばらないとできないもの、容易にはできないものに挑戦することで気持ちが育ちます。**

ただし、単に跳び箱をすると決めているわけではなく、毎年会議で「今年の年長は跳び箱を跳べるか」と議論します。このときも、ある組の担任が「跳び箱はできない、縄跳びにしたい」といい出したのです。「自分は足を痛めているから子どもたちに十分なサポートができない」というのです。

ただでさえ指導が大変な子たちなのに、自分が十分に見てあげられなければあの子たちには到底できない――そう感じたのでしょう。担任の女性教諭の目には涙が浮かんでいました。30年勤務したベテランが泣くのですから、よっぽどのことです。

私はこういいました。

「何いってるの？　本当にそれでいいの？　大変な子たちだからこそやるのよ。あなただけじゃなく、学年の先生たちみんなで子どもたちを見るから。もし子どもが骨折したら私が責任を取る」

縄跳びは、できたかできないかが子どもにはわかりにくい面があります。跳び箱のように、本人が跳びたいと思って葛藤したり、友達と励まし合う関係も見えづらいのです。そして、跳び箱にはなんといっても、学年の先生が年長の

87名の子ども全員の気持ちを汲んで、跳ぶクセを知り、どうして跳べないか分析して子どもにアドバイスをして、小さな変化を一緒に喜び合えるという面があります。

毎日の真剣な共感関係、骨折するかもしれない子どもと先生の覚悟の中で成長できる跳び箱はとてもよい教材です。

そうして跳び箱の練習が始まりました。次々と4段の縦が跳べるようになる子が出る中、なかなか動けなかったのがしょうたくんでした。

「しょうちゃん、やらないの？」と友達から聞かれ、先生にも聞かれると「やる……」とはいうものの練習に来ない。周りにいる先生や子どもたちが次々に聞いてくれました。

「やりたくないの？」「ううん……（首を横に振る）」

「こわいの？」「ううん……（首を横に振る）」

「つかれるの？」「ううん……」「はずかしい？」「ううん……」

ずっと首を横に振り続けます。「どうして？　どんな気持ちなの？　教えて？」とみんながしょうたくんの声に耳を傾けます。

すると、ある子が「しょうたさ、失敗するのがイヤなの？」と尋ねました。すると顔を上げたしょうたくん。「失敗するのを見られるのがイヤなの？」とさらに聞くと「うん！」との返事。「そうかあ……失敗したところをみんなに見られるのがイヤなのかあ」とみんな納得です。

そこで担任は誰もいない教室の時間帯を探して、他の先生の力も借りながら練習に付き添いました。すると、何回目かの練習で跳べるようになったのです。周りで応援していたクラスの他の子たちも大喜びです。

結局、3つのクラス担任と学年全体を見る先生の合計4人で87人の年長の子どもたちを見守った結果、全員跳び箱を跳ぶことができました。子どもたちの晴れやかで誇らしげな顔が印象的でした。あきらめないでよかったねと、年長の先生たちと肩を叩き合ったのでした。

目に見えにくい子どもの成長を目指す

そして年明け、年長の最後の大仕事。劇の発表会の季節がやってきました。

武蔵野幼稚園では、毎年2月に年少、年中、年長でそれぞれの成長に合った劇を行います。お泊り会、運動会で徐々に成長の手応えを感じていた担任でしたが、「これまではなんとかなったけれど、今度こそできない。劇は無理だ」というのです。

年長の劇では題材をクラスで話し合って決め、子どもたちで時代考証をして物語の時代に合った小道具をつくり、絵本にない場面もつくってセリフも自分たちで考えます。それまでの幼稚園の活動の中でもまた一段とハードルが高い取り組みですから担任がしり込みする気持ちもわからないではありません。

案の定、劇の題材を決める段階から難航しました。**話し合いでは全会一致が基本です。多数決で決めることはしません。少数派が納得しないまま劇を進めてもうまくいかないからです。**

あるクラスでは25人のうち、23人が『じごくのそうべえ』がいいというのですが、残りの2人が『へえ六がんばる』がいいと主張して譲りません。最後のひとりになっても簡単には譲らないのが武蔵野の子たちです。

なぜその題材がいいのか、子どもたちが意見をぶつけ合います。

題材が決まらず話し合いが長引けば、肝心の取り組みの時間が少なくなります。結局、前代未聞の7日間の話し合いを経て、やっと最後の2人も納得し、『じごくのそうべえ』に決まりました。

人前が恥ずかしかった子が堂々と演技

さあ、それからが大変です。まずは配役です。役を決めるのも子どもたちが話し合って決めます。みんなのペースに合わせていくのが難しかったゆいちゃんという子がいました。

このゆいちゃんとはなちゃんという子が、同じ役をやりたいといって譲りません。やりたい気持ちを尊重して、2人でその役をやることになりました。園の帰りのバスを待つ時間、思い立ったように「練習する！」といい出す2人。それも教室ではなく、本番で演技する園内のホールでやるというのです。

実はゆいちゃんは人前で何かやるのを見せるのが恥ずかしく、運動会でもその点で苦労しました。それが**自らホールで練習するというのです。他の先生に**

も見せるというハードルを課しても堂々とやっていました。クラスの友達からの「もっと声が大きいほうがいいよ」という期待にも応えていきました。

とはいえ、話し合いが長引いたため、本番までの日が迫ってきていました。担任は2月21日金曜日の本番の予定を延ばしたいといってきました。

けれど、私はそこでも「『延ばせばできる』ではなく、子どもたちの気持ちのピークを考えてみて」と伝えました。22日から祝日の振替えで3連休となる予定でした。時間が経つと、せっかく温まったものが冷えてしまいます。

21日、いよいよ保護者に劇を見せる日になりました。子どもたちも先生たちも、親もドキドキです。

劇が始まりました。するとどうでしょう、みんな何かが吹っ切れたようにのびのびと演技するではありませんか。

シリアスなシーンでは緊張感に満ち、おもしろいシーンでは自然と笑いが起きました。人前で演技するのが恥ずかしくてどうしても役ができなかった子も衣装や小道具の世話をするなどして参加しましたし、最後の歌の場面では全員がお客さんの前で堂々と歌うことができました。あのゆいちゃんとはなちゃんも大きな声で生き生きと演じていました。

最初はバラバラだった子たちも、みんなでひとつのものをつくっていくという目標に向かって徐々にまとまっていきました。子どもたちに配慮もしました。たとえば、裸に見える衣装も恥ずかしい気持ちが大きくなる前に終われるように本番の数日前に出すといったことなどです。また、どうしても最初の劇の第一声を出せない子が勇気を振り絞って声を出すまで20分待ったこともありました。

そうやって子どもも先生たちも創意工夫した結果、本当に素晴らしい劇になりました。大人の目から見ても、鑑賞に堪えうる完成度になっていました。やっとここまで来られた、子ども自身が自分を見る目、人を見る目をしっかり育てていけば、ちゃんと成長していくのだと思いました。

自分で決めるから、最後までやり抜ける

思えばこの学年は年少、年中の頃から若い先生たちが奮闘してくれていまし

た。劇を見終わった、年中のときの先生たちも子どもたちの成長に涙ぐんでいました。自分たちがやってきたことは間違っていなかったと思えたのでしょう。何より、担任たちが一番喜んでいました。「最初は無理だ、できないと思っていたけれど、あきらめないでよかった」といっていました。子どもたちは夏からの半年でガラッと変わったのです。

成長していないように見えたけれど、目には見えないところでしっかり根っこが育っていたのです。私たちの取り組みが間違っていなかったことを、子どもたちが証明してくれました。

なんでもやれる子を集めてやるのは簡単だけどつまらない。いろいろな子がいる中で、集団力をつくっていく過程で、誰もができるわけではないことを子どもたちは体験していきました。最後の劇は「子どもってあんなに変わるんだ」と思えた出来事でした。

子どもたちがあんなにがんばることができたのは、自分たちで題材を決めた劇だからです。

先生や他の大人の誰かが決めたものを押しつけられていたら、途中で「やら

全員が納得するまで何日も話し合うリーダー決め

ない。本当はやりたくなかったんだ」といういい訳が通ってしまいます。けれども、自分たちで決めたことであれば、自分たちで最後までやり抜こうと思えます。

そのためには、たとえ少数派の意見でも尊重される場の雰囲気がなければなりません。武蔵野幼稚園では、年中から話し合うということを知り、年長になっても班のリーダー決めに始まり、運動会のリレーの順番までなんでも話し合いで進めます。

そこで自分の気持ちを主張するだけでなく、相手の意見を汲み取ることを学んでいきます。だから、最後のひとりになってもひるみません。簡単に多勢に同調することはありませんし、少数派の意見だからといってないがしろにすることもありません。

そのようにして、3年間（2歳児クラスを含めて4年間の子もいます）を通じて、一朝一夕には到達できない地点にまで、入園時からブレずに積み上げてきた結果があの劇でした。年長の劇は幼稚園生活の集大成として位置づけています。

すぐにできてしまうことでは自己肯定感は育ちません。**できるかな、できないかなと不安な気持ちを乗り越えたときに、友達がそのことを認めてくれることで自己肯定感は育つのです。**

目につきやすい成長ばかりに注目していないか

見えないところで根っこが育っていても、なかなか気づきにくいものです。子どもの成長は、「足が速い」「ピアノがうまく弾ける」「算数が得意だ」などといった、見えやすく、わかりやすい面に目が向きがちだからです。

できるかできないか、他の子と比べてよくできるかそうでないかといったことばかりに気が向いてしまうのが親の心情です。

幼児教育は、お稽古事のように成果主義であってはいけません。**できるようになるまでの過程を重視し、その子の性格や傾向に合った指導をし、心を育てていくのが教育です。**

子どもたちの心をどう育てていくかが最も大事です。なぜなら、どんなに才能があっても、どんな分野で活躍するにせよ、努力し続け、最後までやり抜かなければ成果は得られないからです。「天才といわれた人たちが、途方もない努力をし続けた結果として一流になっている」というのが世の中の本当の姿だと思います。

ですから私たちは「困難だと思っても挑戦できる」「努力し続けられる」「最後までやり抜ける」心をつくっていく教育を志向しているのです。心のあり様は目には見えませんから、このことを「目には見えない根っこを伸ばす」教育といっています。

こうした能力は、認知能力とされるＩＱや学力テストでは測ることはできず、認知できない、目には見えないという意味で、「非認知能力」といわれています。この非認知能力こそが、私たちがいう「根っこ」であり、これからのＡＩ社会で活躍するときには必要な力です。

心の成長は目には見えにくいものです。本当に子どもをよく見ていないと、成長に気づくことはできません。

できる、できないではなく、子どもが難しいとわかっていながら挑戦したことや、努力をしたこと、粘り強く取り組んでいる様子を見つけて「がんばったね」といってあげることで、子どもは認められたと感じ、自分自身を肯定してさらなる努力をし始めます。

幼少期にがんばれる心ができていけば、その後は、子どもは勝手に努力して、勝手に自分自身で道を切り拓いていきます。

なぜ幼児期に学習してはいけないか

幼児教育は百花繚乱で、幼児期から学力をつけるような学習を行う園も多いようです。幼児期から学習を行うことは、土台をつくる上では効果がないばかりか弊害のほうが大きいと考えています。武蔵野幼稚園では、ワークブックなど学習の類の取り組みは一切行いません。

かつて私は、この園に来るまでに公立・私立を合わせて3つの幼稚園・保育園に勤めました。それらの園の中にはワークブックを積極的に取り入れていたところもありました。ところが、そこにいた子たちは年長になるにつれてだんだんと元気がなくなっていき、子どもらしさが失われていくと感じていました。

幼児期から学習をさせることの効果に疑問を感じていた私は、小児科専門医であり、文教大学教育学部教授でもある成田奈緒子《なりたなおこ》先生の論説に出合いました。成田先生によると、「人間の脳は人類が獲得していった順に育てていくのがいい」とのことでした。

「人類が獲得していった順」とはどういうことでしょうか？

人間は進化の過程で大脳辺縁系《だいのうへんえんけい》の外側に大脳新皮質《だいのうしんひしつ》を、進化によって獲得していきました。

大脳辺縁系がつかさどるのは、たとえば体を動かしたり、五感を働かせたり、睡眠欲や食欲をコントロールしたり、感情を表したりするときに使われる脳です。体内の臓器や器官などを調節する自律神経をつかさどる部分でもあります。

動物から人間になる過程で、人類はこの大脳辺縁系の外側に大脳新皮質を発達させていきました。大脳新皮質は、記憶によって思考したり、知的な判断を行ったり、言語によって意思疎通をしたりするときに働きます。物事の道理をわきまえて行動するような理性もこの脳の箇所の担当です。いわば、人間を人間たらしめている箇所が、この大脳新皮質なのです。

武蔵野幼稚園では、**大脳辺縁系を人類が以前からもっていた脳という意味で「古い脳」といい、大脳新皮質を人類が新しく獲得した脳という意味で「新しい脳」と呼んでいます。**

人間は、生物として生き残るために、最低限必要な脳の機能として「古い脳」を得て、その後、他者と折り合い協力していくといった社会性を身につけるための脳の機能として「新しい脳」を獲得していったのです。

人間が成長するときには、人間が獲得していった順、すなわち**「古い脳」**↓

古い脳と新しい脳の働きとは？

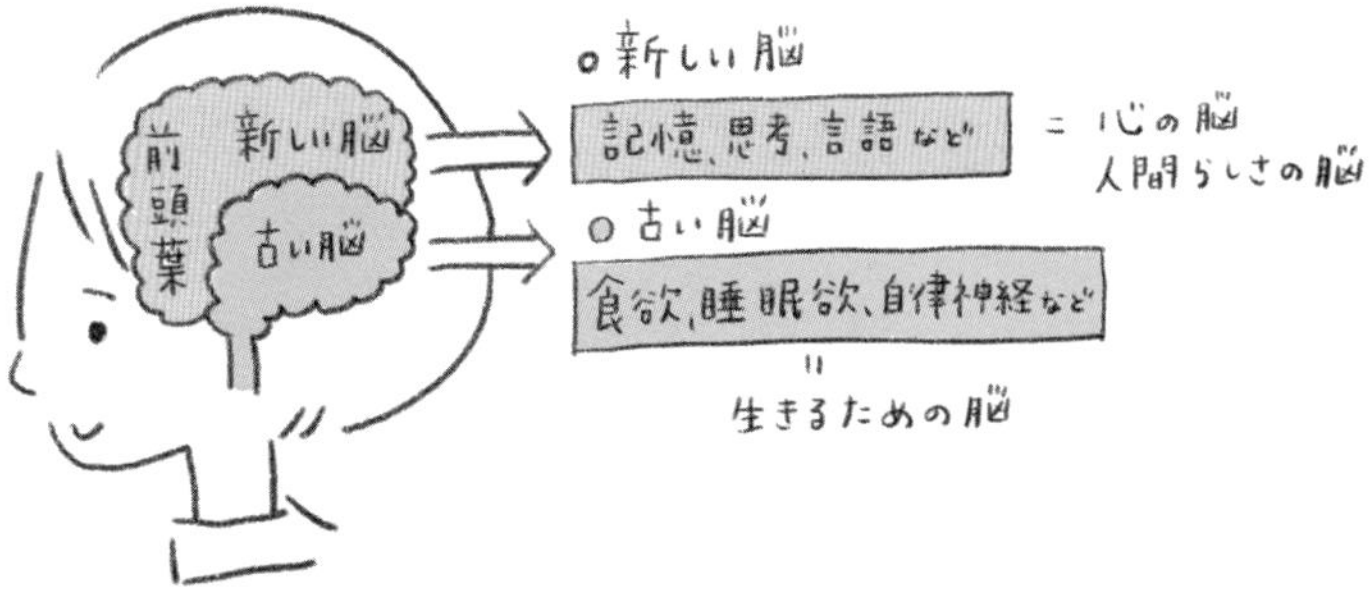

「新しい脳」の順に刺激を与えて発達させていくことが重要なのです。

「古い脳」は人間が生物として生命を維持していくための根本的な能力をつかさどる箇所であり、人間としての土台の部分であるといえます。まずはこの土台の部分をしっかり築き上げた上で、人間らしさの部分を加えていくことが必要です。

まだ「古い脳」がしっかりと育っていない段階から「新しい脳」へ刺激を与えることは、脆弱な土台の上に建物を建てるようなもので、プレッシャーやストレスがかかると、一気にガラガラと崩れてしまいます。

武蔵野幼稚園では、「新しい脳」への刺激となる学習ではなく、まずは「古い脳」への刺激となるようにカリキュラムを構成していきます。これについては次章で詳しく説明していきます。

いまはあえてトレーニングをしないといけない時代

昔の人がごく当たり前にやっていたことが、すっぽり抜け落ちて勉強だけになってしまった結果、プレッシャーやストレスに弱く、生活力もないため、精神面で追い詰められてしまっている子が増えているように私には思えます。いくら能力があっても、勉強は行き詰まり、仕事も続かないというのでは、とてももったいないことです。

たとえば、4月に入園したばかりの年少の子たちが散歩で舗装《ほそう》されていない道を歩くと、最初はよく躓《つまづ》いたりして転びます。母親たちに聞くと、「この子は生まれてから舗装された道しか歩いたことがありません」というのですね。かつての子どもは外でたくさん遊んだので、自然と体幹が鍛えられました。

昔は舗装されていない道も多かったので、歩くだけでバランス感覚が身につきました。いまはどこでも舗装されているし、外遊びをあまりしなくなっているため、体の機能が鍛えられていないのです。

世の中が変化したために、人間に必要な能力が備わりにくくなっているということは、さまざまな場面で見られます。

インターネットで答えがすぐに見つけ出せるようになると、深く考える思考力が身につきません。移動手段が発達すると、人は歩かなくなり体力が鍛えられません。家電が発達してなんでも機械がやってくれるので、細かい家事のコツや工夫はいらなくなりました。

その結果、創意工夫する能力や問題解決能力が身につかないまま大人になっているのです。**多くの人はこれができないので、できる人が会社でもどこでも重宝されているのがいまの世の中ではないでしょうか。**

新型コロナウイルスが蔓延したとき、まさにこれら創意工夫する力、問題解決能力が試される事態となりました。これからのＡＩ社会では、こうした力こそが求められるのです。

園では周辺にある7つの公園を利用して、たっぷりと外遊びをします。外に出ると子どもたちの気分もすっきりしますし、何より体力がつきます。私たちの園の周辺の公園は、武蔵野の面影を残す自然の地形を生かしたつくりになっているので、崖があったり、丘があったりと起伏に富んでいます。こうした場所で縦横無尽に体を動かすことで、必要な体幹を鍛えていくのです。

武蔵野幼稚園でこう育つ

冒頭の子どもたちだけでなく、武蔵野幼稚園で育った子たちはそれぞれ大きく羽ばたいているようです。

小さなことでいえば、小学校で林間学校に行くときでもみんなは何を準備するかで四苦八苦するけれど、武蔵野幼稚園で育った子たちはさっさと荷物の準備もするし、親と離れて宿泊するといっても落ち着いているようです。

進路も自分で決めて、それに向けて勉強するようで、「塾にも行かずに大学進学できました」と報告してくれる母親がよくいます。

特にお母さんたちがいうのは、子ども同士で話し合いがよくできるということ。こんな話も聞きました。小学校のクラスでの授業中に先生のところに何か教材を取りに行く場面があって、そのとき、多動の傾向のある子が並んでいる順番を無視して奪うようにして取っていってしまったという出来事があったそうです。そこで、クラスメートたちが、「なんだよ、お前！」となったのですが、武蔵野を卒園した子が、「何か理由があるんじゃない？　理由を聞いてあげようよ」といってくれたので、気持ちや理由を聞いてもらえてその子がすごく嬉しかったといっていたとのことでした。

園生活の中で人間として大事なポイントをしっかり伝えて育っているから、優しいところがあるし、正義感が強いところもあります。**自分の意見をいうことにためらいがありませんから、ダメなものはダメといえます。**

中学生になって男子生徒同士でいじめが起きたとき、卒園児の女の子が「何やってるの！　いじめてんじゃやないよ！」と、間に入っていじめている子を注意してくれたという話を聞いたこともあります。見て見ぬフリができないのが武蔵野の子たちです。

周囲のどこの中学校でも部活の部長やキャプテンをやったり、生徒会の会長、副会長をやったり、各所でリーダーになっているという声が卒園児の母親たちから聞こえてきます。

明日は雨が降るというだけで泣いていた男の子が園を卒業し、中学校2年生になったとき、園の運動会に来てくれたことがありました。「僕は幼稚園のとき、泣いてばかりで先生たちに迷惑かけたけど、いまは野球部に入って部長をしています」と嬉しそうに報告してくれました。この仕事をしていて本当によかったと思える瞬間です。

もちろん、すぐに成長が見えるお子さんもいれば、そうでないお子さんもいますが、園に長く勤めていると、本当にいいことがたくさんあるなあと思っています。

「子どもにとって」を考えることが育児の基本

このように子どもたちが立派に成長してくれているのも、「子どもにとって」

をいつも考えた教育をしてきたからだと思っています。

一般的には「子どもは何もわかっていないから、何もしつけずにいると動物のように育ってしまう」と考えられています。大人のいうことを聞かない子どもがそのまま育つとルールを守れない人ばかりになり、社会が不安定になる。だから、子どもは教育しないといけない――このように考えるとき、子どもの教育は「大人のため」ということになります。

一方で、子どもは人間としてしっかり育つ力をもともともって生まれてくる。他者の思いを汲み取りながらも、自分の気持ちとの接点を見つける術を身につけることや、ルールを守ることは、自分自身を守ることにつながるのだと体験的に学ぶために教育が必要である――こう考えるとき、子どもの教育は「子どものため」ということになります。

武蔵野幼稚園のカリキュラムは、「子どもにとって」を考えることで確立されました。**悩んだときには常にこの「子どもにとって」という原点に立ち返ることで問題を解決してきたのです。**

子どもは親のいうことを聞くのが当然で、それがいい子であると理解されがちです。だから反発したり、要求したりする子は、めんどくさいし、悪い子、手のかかる困った子という理解になってしまいます。けれども、それでは人間に対する見方が単純すぎます。

親に反発したり、要求できたりする子のほうが、考える力があります。自分というものをもっているからです。親の顔色を気にして従順でいる子のほうが、親からしてみればいい子だけれど、実際は自分というものをもっていないから、将来自分探しをしなければいけない時期がきます。幼少期から自分探しを訓練されてきた子は、それをしなくてすむし、周囲の動きに流されません。

大人は子どもの気持ちを無視し、「よかれと思って」も含めて、強引にしつけ的なルールを子どもに押しつけています。押しつけていながら、子どもができないと怒ります。親の機嫌のいいときは猫のようにかわいがるけれど、悪いときには烈火のごとく怒る。同じことをやっても、ある場面では許されて、ある場面では怒られるのは理不尽です。

こんなことが続くと、子どもは親の顔色を見て生活するようになります。それは学校教育も同様です。ルールを守れない子を先生が叱って、授業がつぶれてしまうこともあります。

でも、誰のためのルールなのか。それは「子どもにとって」のものでなければなりません。なぜなら、幼稚園も学校も、親や教師のためにあるのではなく、子どものためにあるからです。

「管理運営上の理由」をいい訳にしている教育機関が多いのが実情です。まずは「子どもにとって」よいやり方を学び、そのやり方が実際に難しいときには自分たちの頭で考えて創意工夫すること。それが教育に携わる専門家としての責任です。

大人が暴言を吐くと、子どもの脳は萎縮したり傷ついたりするといわれています。すると、子どもは自分のためではなく、人のために生きることを刷り込まれてしまいます。

そうではなく、さまざまな声かけ、働きかけの中で、自分のために自分は生きているのだということを、自然と子ども自身が感じられるようにするのが教育に違いありません。

第2章

人間の育ち方には順番がある

「愛着関係」は人として生きる土台

人間はいくつもの段階を踏んで、徐々に育っていきます。土台の上にひとつひとつ積み上げていくようにしか育ちません。そこを飛び越えて何かを身につけさせようとしても、見た目はできあがったようで、実際は衝撃に弱い張りぼての建物のような人間になります。

人として生きる土台となるのが、愛着関係（アタッチメント）です。

生まれたばかりでも、泣いたときにそばに来てくれるだけでその人への愛着関係が育まれます。

たとえば、まだ赤ちゃんの頃、泣いていたらすぐにそばに行ってあげて「どうしたの、おしっこ出た？　おなか減ったの？」と言葉をかけてあげます。赤ちゃんは生まれる前から聴覚はすでに十分発達しているので、手をかけるだけでなく、声をかけてあげることです。

何か自分が訴えたことに対して、すぐに反応し、対応してくれるということはゼロ歳でも感じます。このことで愛着や安心感が生まれるのです。泣いたときに大事にされた子は、大きくなっても人に要求できるし、人の気持ちのわかる子になっていきます。

しかし、いまの紙オムツは吸収性に優れているので4回か、5回ぐらいおしっこをしても交換しなくて大丈夫だといいます。午前中は換えずに放っておいても大丈夫だと思うから子どもに手もかけなければ、声もかけません。すると、子どもは泣いても無駄だと感じて、泣かなくなっていきます。愛着も生まれないし、人への信頼感も育ちません。

「自分が発信したことに他者が反応してくれる」ということが、とても大事です。

大人だって、夫や妻に話しかけたとき、相手が何も反応してくれなければ話すのをやめてしまうでしょう。そして、その人への信頼感を失ってしまうはずです。「愛情の反対は無関心」といいますが、その通りですね。

愛着関係ができているかどうかは大人になっても大切なことで、その人の幸せ感に影響します。親子間で愛着関係ができなかった場合は、他の大人との間につくってもいいのです。

親が子どもと愛着関係の構築ができなければ、園の先生がつくっていくことができるので、そこを私たちは大事にしています。

園では「抱っこして」「おんぶして」といえばその通りにしてあげます。最初は気前よくわがままも許します。「ああしたい、こうしたい」と思うことも丁寧に聞いてあげます。

友達に手を出したときも、「叩《たた》いちゃダメでしょ!」とはいいません。「叩きたい気持ちがあったんだね」と本人に伝えていくのです。

双方のいい分を聞いて「これがイヤだったたんだって」と通訳して、最後に「どうしたらいいかな?」と考えさせます。そうすると、双方に不満が残りません。どっちにも肩入れせずに、公平に聞いてくれる大人を信用します。そうしていると、「自分が悪かった」と思うことができます。

入園して**最初の時点で、愛着、人への信頼感を徹底的につくっていく。そこができると、規則やルールばかり教えようとしなくても、子どもたち自身で解決していきます。**愛着ができると、大人が子どもに注意することが少なくなっていくのです。

「武蔵野幼稚園の先生は優しくて甘いから、うちの子はわがままになった」という親が毎年いますが、わがままになった子はやっと自分を出せる、安心できる場を見つけたのです。家で安心できなければわがままにもなれません。

愛着関係ができると、小学校、中学校でも、「人は信頼できる」という土台があるから、多少意にそぐわないことが起きても「そういう人もいるよな」と切り替えられます。深く悩まずにすみ、精神の安定を維持できます。

先生からどんなに注意されても、愛着関係がしっかりしている子は「自分のために怒ってくれたんだ」と思うことができ、自分が悪いのだとわかります。

武蔵野幼稚園では、年少の下に2歳児のクラス（たまご組、4年保育）があり、これらの時期に親＋先生で愛着関係をつくっていくことをまず念頭に置いています。

以下、それぞれの年代において身につけさせたいことを、3つずつにまとめます。

年少（3、4歳）で身につけさせたいこと

①欲求を育てる

年少（3、4歳）になっても愛着関係をつくっていけるように、まずは「あれがしたい、これがしたい」をたくさんいわせるようにしていきます。園ではほぼ毎日散歩に出ます。アリを見ていたい子と、走りたい子の両方を満足させるようにします。

「アリを見つけられるなんて目がいいね！　みんな見てみてー」といってみんなが来て、「わー、ホントだー、いっぱいいるー」などといわれると、見つけた子は自分が発信したことに反応してくれるのが嬉しかったりします。

走りたい子には、「走りたかったんだね」といって、「○○ちゃんがアリを見つけたみたいだから、そこまで走っていこう」といって走らせます。すると、どの子も満足して散歩が楽しくなります。

子どもが要求を伝えてくるということは、自己主張をしているということで

す。「自分がやりたいからやる」という欲求が育ちます。けれども、「子どもの欲求」というと大人はマイナスイメージをもちます。欲求のままに行動するのは動物だ、欲求を制御する理性があるからこそ人間だ、そう考えている大人が多いのです。

確かにそうなのですが、**まだ生まれて3年ほどしか経っていない子どもたちには、理性という脳の大脳新皮質がつかさどる部分よりも、欲求のほうをもっと育てていったほうが脳の仕組みから見ても理にかなっています。**

2歳ぐらいまでは、体は自由にならないし、言葉もそれほど巧みに操れないけれど、3歳になると、そこが格段に自由になって表現が広がります。それはとてもすてきなことなのだから、やれることをどんどん伸ばしてあげればいいのです。

自分に希望をもつという感覚が育っていれば、自分は何をしたいのか進路を決めるときなどにそれが生かされます。自己主張をさせずに、願いをもつことを抑制されて育った子は、高校受験になって進路を決められません。希望をもち、自分で決めるという練習をしてこなかったからです。

自分で希望し、自分で決められる子に育てるには、幼少期からささいなことでも希望し、自分で決めていくことです。

②体幹の確立

加えて、年少のときには体幹の確立と、「身辺自立《しんぺんじりつ》」を目指していきます。

第1章で述べたように、足腰を鍛えて体幹を確立していくことはこの時期、とても大切です。最初は10センチぐらいの段差でも上れない、下りられない子がいます。それくらいの高さの段からジャンプさせるということもします。散歩でも最初は平たんな道から始めて、だんだん公園の中の起伏のある道を歩かせるようにします。

それと同時に五感と体の連動を高めていくようにします。特に見る力が大事です。

体を動かすには目的地をまず見て、「あそこへ行こう」と考えます。どれくらい高い場所か目で見てから上ったり下りたりしますし、デコボコ道でも脳にその情報を伝達して足に伝えて用心して歩きます。

いまの子たちは視野が狭く、視覚と体の連動がうまくできていないので、ど

れくらい高いのかがわからないし、道がデコボコかどうかわからず、転んだり飛び降りたりしてケガをしてしまうのです。

そもそもベビーカーに乗りすぎで歩いていないことも要因になっています。視覚と体の連動がうまくいっていないのは、外で遊んでいないことが原因です。外は何かと危険が多いからとか、紫外線が皮膚がんの原因になるとかで家の中でばかり遊ばせていると、さまざまな体の機能が育ちません。

体幹や筋力が育っていないと、小学生になってからずっと座っていられないので授業中に立ち歩くようになります。見る力を脳に伝達できていないと勉強でも苦労します。黒板に書かれたものをノートに写せない子が出てきています。そういう子は、学校がイヤになるはずです。小学校で学級崩壊が起こるのは、こういうところにも原因があるのです。

とはいえ、本来、これらの機能を高めるのに**トレーニングをする必要はなく、外遊びをたっぷりすればいいのです。**公園に行って虫や鳥を目で追ったり、飛行機を見つけたり、星空を見たり、子どもらしい遊びの中で自然と備わるものです。

③身辺自立

もうひとつは「身辺自立」です。身辺自立とは、自分の身の回りのことは自分でできるようになることをいいます。この頃の子どもは、早く大きくなりたいという気持ちが大きいので、自分のことが自分でできることは自信につながります。「できなかったことができるようになった」を家庭の中で意識させるのが大事です。「できたね!」「やったね!」といってどんどんやらせていきましょう。

3歳から4歳にかけてはなんでもやりたがる時期ですから、そこを生かして、失敗しても大人のようにうまくできなくても、やらせていくというのがひとつのコツです。

運動でも料理でもなんでもそうで、木に登ったら登りっぱなしなのが3歳です。「すごい、すごい!」といっておだてていると、やる気をもって嬉々として取り組みます。けれども、いまの大人は「まだこの子にはできない」と思ってさせないでいます。

たとえば、この頃の子は料理でも食器洗いでも「僕がやる!」「私、それやりたい！」といってきます。危ないからとか時間がかかる、あるいは、「あとで自分がやり直さないといけない」などと思って、子どものやりたい気持ちにフタをしていくと、子どもはいつの間にか「やらせて」といわなくなっていきます。

この時期は、なんでもやりたがる時期で楽しいことばかりですから、そこを生かしてうまく方向づけてあげると、次の年中、年長の成長につながっていきます。

年中（4、5歳）で身につけさせたいこと

①「自己主張」と「手足の連動」

年中の最初の頃は、年少の延長線で考えていきます。というのは、この頃は4歳になったばかりの子と、もうすぐ5歳になる子がいるからです。この時期の1年の差は大きなものがあります。

年中の1学期も引き続き体を動かしたり、自分の気持ちを表現したりすると

ころを育てていきます。

年少の頃は、「世界は自分のために回っている」という感じがあるので、そこを入り口として自分の気持ちを出していく時期で、それが年中の1学期ぐらいまで続くイメージです。

体の面では大きな成長はありませんが、**この頃になると、脳が2つのことを制御する指令を発信できるようになるので、手足が連動した動きができるようになっていきます。**

3歳のときはひとつの動きしかできません。たとえば、スキップならスキップだけしかできませんが、4歳になるとスキップしながら手を叩くというような動きができるようになります。縄跳びのような手の動きに合わせて足を動かすようなこともできるようになっていきます。

コマ回しでも左手でコマをもち、右手でひもを巻きつけるというのは子どもにとってはとても高度なことですが、左右の手が別の動きをできるようになるのです。

リズムに乗って体を動かすのも、音を聞いてそれに合わせて体を動かすという脳と体の連携となるので、園では秋の運動会で野外音楽劇を行ってその点を刺激していきます。

②他者との関係をつくる（社会性）

年中は、夏休みを境にぐっと成長していきます。その後、表現するのが苦手な時期になっていきます。年少のときはあんなに「自分のために世界が回って」いたのに、他人が視野に入ってきて自分と比べるようになり、今度は自分が一番不幸であるかのような時期になっていきます。つまり、**社会的な視点が出てくる**のです。

「あの子はできるのに、自分はできない」などと考えるようになり、**だんだん無邪気ではなくなっていき、落ち込んだり悩んだりするようになっていきます。**自分の心の闇の中に入っていくような時期です。

年中の子どもは、自分がどう思われているかについても考え始めます。「誰もそんなことはいっていないのに」ということを自分で気にしてしまいます。また、友達をすごくほしがるようになり、大人よりも友達第一になっていきます。友達がいれば幼稚園は楽しいけれど、いないと行きたくないものになるほ

段ボールと障子紙を使ってつくった大型動物。動物園に見学に行くところから始まる

ど、集団、仲間への気持ちが大きくなっていきます。

2学期の運動会のあとに行う大型動物の製作を通して、他者との関係をつくるという面を、育んでいきます。4、5人の小グループで段ボールを使ってひとつの動物をつくり、最終的に年中全体で大きな動物園をつくります。動物は子どもたちが乗れるくらい大きなものをつくるのでなかなか大変です。

最初は自分ひとりの気持ちが大事にされてきたのですが、この頃から**人にも気持ちがあることに気づいていきます。**最初は自分の気持ちだけを押し通し、他者の気持ちは突っぱねるのですが、そうしていたら物事が進まないことに気づきます。大型動物がいつまで経っても完成しないということになります。

そのときには相手の気持ちを聞くということが求められます。自分の主張をいいっぱなしではダメだと気づき、他の人の話も聞けるようになっていきます。

年少のときは砂場で「シャベル、貸して」「いいよ」といいながら「やっぱりイヤ！」というなど、勝手で気ままなところがあります。

しかし、年中になると、自分のいったことを相手が受け止めてくれるから間違いも指摘されるようになり、自分のいったことに責任をもつようになっていきます。

他者との関係で大事なのは、人の話を聞く力があるかどうかです。人の話を聞かないと仲間に入れてもらえないことがわかります。その聞く力が他人とのコミュニケーションの土台になっていきます。

聞けるようになるには、そこまでの間に自分の要求を「聞いてもらえた」という体験をしていることが重要です。「聞いてもらえた」という体験がないと、聞こうとは思わないからです。

家庭生活の中で、問答無用で叱られてばかりで自分の要求を聞いてもらっていない子は、先生の話を聞けません。年中で行う大型動物の作成や運動会、劇など集団での活動は、先生の話を聞いていないとうまく進みませんから、そこを活動の中で育てていきます。

③言葉を育てる（言葉で思考する）

年中は、語彙《ごい》力が爆発的に増えていく時期でもあります。話す言葉は大人とあまり変わらなくなっていきます。どんどん知性を獲得していくので、年少のときのようなとんちんかんなことはいわなくなり、ある意味でおもしろみが減っていきます。

この頃から、言葉でものを考えられるようになっていきます。年少の頃は「なぜ、イヤなの？」と聞いても「イヤだから」としか答えられませんが、「仲間に入れてくれないのがイヤだった」などと言葉で理由を説明できるようになり、自分の気持ちも言葉で表現できるようになっていきます。

母国語で思考ができるようになることで、アイデンティティを形成していきます。**母国語を使って悩んだり、葛藤したりしていくことが自分をつくっていく基礎になります。**自己内対話を繰り返して、内面を育てていくのです。それによって、生き方のもとをつくっていきます。

この頃の子どもは、なんでもかんでも手を出すのではなく、思慮深くなって慎重に物事を見るようになり、自分の得手不得手も客観的にわかるようになっていきます。うまく悩ませながら、最後は「できたね」に導いていきます。できなくても「あそこはがんばってたよ」とがんばった過程を見つけて認めてあげれば、くじけることなく育ちます。

年長（5、6歳）で身につけさせたいこと

①脳と体の連携

体の面では3、4歳で培《つちか》ってきたものをより確かにする時期です。すでに体の基本的な動きはできていますから、縄跳びや跳び箱のような高度な運動もできるようになっていきます。3学期の始めには竹馬にも乗れるようになります。

勇気、努力、達成……跳び箱にはすべてが詰まっている

このときは視点が重要です。跳び箱も竹馬も、怖いからといって下ばかり見ていたらうまくできません。顔を上げて前を見るから、前に推進力が向いて跳び箱も跳べるし、竹馬でも前に進めます。やはりここでも目の動き、視点と体の連携ができていることが大切です。

年中は心が折れやすいため、できそうなことに挑戦していくのがいいのですが、年長では少しハードルを上げて、子どもが「できそうもない」と感じることに挑戦させます。それが跳び箱や竹馬になります。子どもにとってできそうもないと感じることでも、大人は「これくらいのことは、がんばればできる」とわかっていますから、「やってみたら意外とできた」を経験することができます。するとと子どもは自信をもち、以後も「できそうもないこと」にチャレンジできるようになります。**できて当たり前のことをやっても自信は生まれません。**がんばらないとできないことに挑戦させても、これまで積み上げてきたものがあるので、簡単に心が折れないのがこの時期です。

②要求に応えられる

園では3歳のときから自分の心が要求することをずっとやってきましたが、今度は自分が要求されて、それに向かってできることが嬉しいという感覚が芽生えていきます。「要求されたことに応える自分」を見つけていきます。

年少、年中までは褒めておだてて木に登ったら登りっぱなしですが、**年長になると、要求されたことを受け止めて、反省したり、修正したりできるようになります。**

園では「跳び箱の4段に挑戦してみない?」と要求していきます。跳び方をかみ砕いて教えていき、最後は気持ちのところで「怖がっていたら跳べない

御岳山を登り２泊３日で友達や先生たちと過ごす

よ。先生を信じて勇気を出して跳んでごらん」と背中を押してあげます。
言葉にあと押しされてできたときに、「できないと思っていたけれど跳べた！」という、自信と誇りが生まれます。この「要求される」ことが、年長では大きく違うところです。年長までにしっかり心が育っていないと、要求しても心が折れてしまいますから、年長までに積み上げていくことが必要です。

③民主的なものの見方ができる……

年中の「他者との関係をつくる」を発展させて、民主的に物事を進めることを学びます。園では、年中の頃から進めている話し合い活動、年長になっての運動会、ジオラマ動物園づくり、劇など、常に話し合いで物事を進めています。

入園したときから5人前後のグループをつくり、製作やお泊り会、弁当を食べるときなど一緒に行動します。グループのメンバーは一定期間でシャッフルされ、年長からはその都度、新しいリーダーを決めます。そのときのリーダーはメンバー間での話し合いによって決めます。

最初に、どんな人がリーダーになってほしいか、子どもたちが意見を出し合います。最初のうちは声の大きい子や運動のできる子がいいという感じですが、そのうち「みんなの意見を聞いてくれる人」というように求めるリーダー像がより本質的なものになっていきます。

リーダーを決めるとき、多数決は採用しません。もちろん、ジャンケンでも決めません。求めるリーダー像に誰が近いか話し合っていきます。全員が納得するまで決まりませんから、リーダー決めだけで2週間ぐらいかかることもよくあります。

それだけ**徹底的に話し合って納得して決めたのだから、リーダーの指示は**

劇では、絵本にない場面、セリフも自分たちで考える

ちゃんと聞こうという雰囲気が生まれます。意見が強い人がエラいわけではない、泣いてしまう子が弱いわけではないことも気づきます。人を見る目が養われていきます。

ジオラマ動物園の作成でもそうですし、劇でも本書の冒頭で述べたように、題材を決めるところから配役、小道具やセリフの選択まで話し合いで進めます。いいたいことをぶつけ合って、最後は納得したのだから、責任をもって最後までやり抜こうという気概が出てきます。

話し合い活動の中で、**本当の民主主義というものは多数決で決まって**

いくものではなく、少数派の意見も尊重されるものであることを学びます。自分の意見が多数派だから正しいわけではなく、少数派でも正しい場合があることを学びます。

大事なのは、少数派だからといってないがしろにされるのではなく、誰もが真摯に話を聞いてくれて、それについてきちんと検討されることです。卒園までにぜひここまで育ってほしいと願っています。

親は子どもと一緒に遊び、欲求を育てよう

2、3歳は生活をしっかり行うことがとても大切で、そこができていれば特別に「育てなければ」と思うことはありません。「生活をしっかり行う」とは、自分のことは自分でできるようになること、野外で遊ぶこと、規則正しいリズムで寝起き、食事をすることです。

夜は8時までに寝て、朝6時には起きるようにします。幼児期においては最低でも10時間の睡眠を確保するようにしてください。同じ時間に寝ることが脳

には大切です。食事も毎日だいたい同じ時間に食べるようにします。散歩も、できれば毎日同じ時間に行ったほうがリズムはできます。

大人に合わせて夜型の生活になっている子は、大きくなっても朝が苦手で、大人になって会社に行くのに毎朝、起床するのに苦労するようになります。

外を散歩するのは親子にとって一番いい時間です。子どもとどんな遊びをしたらいいかわからない父親は、一緒に散歩することをお勧めします。

公園に向かって歩きながら、草木の様子を観察したり、虫や鳥などを探したりしてみましょう。公園の起伏に沿って歩いたり走ったりするだけで体が育ちます。草木の匂いを感じたり、急に降ってきた雨に濡れたりすることで五感が育まれていきます。

母親は常に子どもを見張っていて、注意するようなことが多い状況があるのですが、何事も一緒にやってみてほしいと思います。

園でも、「子どもと一緒に泥遊びをしましょう」「一緒にプールに入りましょう」といっても、腕を組んで見ているだけの母親が多くいます。「疲れるから」とか「洗濯が大変になりそう」と先のことを心配してしまうのですね。でも、親は子どもにやらせるばかりでなく、一緒に何かをするということも楽しみながらやってみてほしいと思います。

忙しいというより、先のことを考えてしまい、楽しもうという心の余裕がないのだと思います。

園児は「疲れて帰ると明日の幼稚園に響く」なんて考えません。「いまここ」を楽しむだけです。母親も**先のことを少しの間忘れて、育児のストレスも消える**と思います。

遊べば心が解放されて、一緒になって子どもと

そして、**ことあるごとに「あなたはどうしたい？」と問い、自分で考え、決定させる訓練をさせてください。**それはハイハイをしだした頃から始まります。

寝んねの頃は動けないので主体的になりようがありませんが、ハイハイをしだしたら行動で意思を示し始めたということです。ですから、言葉はわからなくても、「これがほしかったの？」「あっち行く？　やめとく？」と聞いてあげるのが、「あなたはどうしたい？」の始まりです。

意思や欲求をもつことは、ＡＩにはできません。ＡＩが意思や欲求をもつことができるときは、そのようにプログラミングされたときだけです。そのプログラミングは人間がするもので、そこには人間の「自分はこうしたい」という意思や欲求が反映されます。この意思や欲求がある人はＡＩに使われる側ではなく、使う側の人間になれます。

日本人の場合、集団を尊重しすぎて自分というものをもってはいけないように錯覚している人が多くいます。園の若い先生たちも「あなたはどうしたい？」と聞かれて育っていないから、私から聞かれて戸惑います。それが悩める大人をたくさんつくっているのではないでしょうか。

子どものうちから「自分はどうしたいのか？」と常に自分と向き合い、確固たる自分をつくっていけば、どんなことが起きても判断に迷いません。結果、悩みが深くなることもないのです。

散歩ひとつでもこれだけの意味がある

歩けるようになったら外に散歩に行きましょう。散歩の効用はいろいろあります。まず足腰が鍛えられます。腹筋背筋ができて発音が明瞭になっていきます。足裏に「土踏まず」ができていき、足の親指（第一趾）にも力が入るようになります。

足の親指は大脳につながっていますから、そこを刺激することで脳に刺激を与えることができます。考えるもと、言葉のもとが脳の中でできていきます。

散歩の進路も子どもに決めさせます。先生が決めると、「そっちには行かないよ！」と注意することになり、子どもはおもしろくありません。

大まかにいくつかの道を決めておき、いくつかの目的地を想定しながら、「今日はどっちに行こうか〜？」といって決めさせていくのです。行き止まりならそれもまたよし。そうしていくと、散歩は何が起きるかわからない冒険になるから、ワクワクドキドキの楽しいものになります。

先生が行き先を決めると、「なんだ、行き止まりじゃないか」と子どもは不満をもちます。**散歩の進路は、人生の進路そのもの。自分で決めることに慣れていれば、人生の進路も自分で決められます。**散歩も大人にいわれるから「行かなければいけないもの」から、「自分のためのもの」になります。

他の園では手をつないで歩かせていますが、そうなると、子どもは手をつなぐことばかりに意識がいってしまい、他のものが目に入ってこなくなります。手をつながないで、バラバラと行きたいところに行きます。そうして虫を見つけたら立ち止まってみたり、草木の匂いを意識させてみたり、それをみんなに紹介しながらペースを調整していきます。

年中になると、横断歩道を渡らせるようにします。広がって歩くと迷惑をかけることを教えるためです。周囲の音に注意して車や自転車が来ることを察知して、端に寄ることも覚えていきます。「今日は目的地の公園までちょっと急いで早歩きで行くよ」といって少し速足で歩かせるとか、「ここでは2人組になって」というように歩き方を変えることで、状況に合わせることを学ばせます。

年長になると、あまり細かいことをいわれなくても、自分たちで2人組になったりして歩くようになります。自転車がきたら、みんなで注意し合えるようにもなります。先生が年中まで注意喚起していたことが、自分たちでできるようになります。腰や背筋が伸びた歩き方になって、歩く距離も伸びていきます。

まずは大人が子どもを信用しよう

子どもは段階的に育っていくのに、大人がいろいろ知っているだけに、先回りして子どもに注意してしまっていることが多いと私は感じます。

散歩に行くとき、先生は子どもたちに前を走って行ってほしくないから、「先生より前に行かないように」とか「走らない」などと、いくつかの注意事項をいってしまいます。

私も注意しました。子どもたちにではなく先生に、です。

「それって、子どもを疑っているよね。やってもいないうちから注意事項をいわれたら、疑われているような気がしない？　今日は青空で気持ちいいね、といって外に出ちゃったほうが楽しいんじゃない？」

散歩なのにおしゃべりもいけない、よそ見をしないような子どもの列はなんだか不気味です。**大人の都合でルールを決めて、それによって子どもを動かしている場面が多いのです。**

ルールを先にいう先生は、子どもを信用していません。子どもはやってもいないのに疑われると、先生のいうことを聞きたくなくなります。子どものためというより、大人が困るからいっているのです。「楽しみだね、どんなものに出会うかな？」といって連れ出せば、子どもも楽しい気持ちになります。

それに、ルールありきで散歩に出たら、子ども同士がギスギスします。「○○ちゃん、いけないんだ、前に行っちゃいけないよ！」と先生の口調をマネして他の子に注意するようになります。散歩の目的が、「先生の前にいかに出ないか」というものになってしまいます。

こうしたことが繰り返されると、子どものやりたい気持ちをそいでいきます。そのうち、子どもは何もやらないほうが得だと学んでしまいます。いろいろやって失敗しても怒られなければ、興味・関心や主体的に取り組む気持ちは自然とできていくもの。信頼する人にいかに出会えるかが大事です。

もちろん、先生の前に出たり、急に走り出したりする子が出てきても対応できるように、散歩に行くときは引率する先生の数を増やすなどして、安全面の対策はきっちり取らなければなりません。その上で、いけないことをしたときだけ、どうしたらいいか考えさせればいいのです。**事前に注意するのではなく、子どもに考えさせていくことです。**

安全を重視するあまり、部屋に入れておけば安心と思いがちですが、私たちは違います。入園式の次の日から散歩に出ていきます。「園を一歩出たらお母さんもいない、頼る人はこの大人しかいない」と思い、子どもたちの目がパッと先生のほうを向くようになるのです。

そこで「先生について行けば帰って来られるからね」といってみんなで散歩に行きます。先生について行けば自分の身は守れるのだということを最初の何回かの散歩で気づかせていく。「楽しかったねー、帰ってこられたねー」というと、ホッとして先生に対する絶対的な信頼感が生まれます。

保育園では厚労省から毎日30分日光浴させるという指針を与えられているため、先生が時計を見て30分で帰るようにしているところもあります。それでは子どもに何もいいことはありません。

大人が子どもを信頼していないから、閉じ込めようとするのですが、そうするほど子どもには閉じ込める人がイヤな人に見えてきます。幼稚園自体も怖いところのように思ってしまうもの。けれどもあえて外に出していくと、子どもの心は開放されて、泣いていた自分を忘れます。楽しいことばかりで、幼稚園が大好きになっていくのです。子どもは、大人が思う以上にいろんなことをわかっています。大人のほうから先に信頼すること。子どもは「信頼された」と感じるから、大人を信頼するようになるのです。

年中が幼児期で最も大事な時期

幼児期の子育てのポイントは、年中（4、5歳）の頃だと私たちは見ています。親の思い通りにならなくなってくるのがこの頃です。屁《へ》理《り》屈《くつ》もいうようになっていきます。大人の都合だけをいつも優先していると、反発が生まれます。「大人はズルい」と感じて、いうことを聞かなくなります。

不安な気持ちや悩んでいること、うまくいかなくても気持ちを聞いてもらえてわかってもらえると、子どもの心が荒れることはありません。そこがないと、荒れるだけでなく、友達にいじわるするようになります。

年中はとてもデリケートな時期なのです。それは裏返せば成長が加速している時期であるともいえます。**ですから、私たちは子どもが悩み出したら「始まったな」と思います。「もっと悩もうね」と思います。**

幼稚園のカリキュラムにおいても、年中からぐっと高度になり、人間らしいものが出てきます。言葉もぐっと大人びてきます。大人とも対等に話ができるようになるので、いろいろと会話を楽しんでほしいと思います。

年長になったら、もう育ったと思ってあまりかかわらなくなる親がいますが、今度は「突っついて」いきましょう。

「突っつく」とは、たとえば「できないんじゃない？」とわざと挑発するようなことをいってみたり、試してみたりするのです。すると、真剣に応えてくれるし、本当の気持ちはこれなんだとわかることもあります。

お泊り会の前に「困っていることあるんじゃない？」と聞くと、「ない」という。ないなら「楽しめるからよかったね」といいます。

でも、後になって「ひとりで寝られない」とポロっと本音をこぼしたりする。平気な顔をしていても、内心不安だったりいろいろ考えています。ちょっと突っつくとそれが出てきます。

年長になると興味関心が広がっていき、その中から好きなものを見つけていく時期でもあります。子どもの好きなものを、親も一緒になって楽しんでみるのがいいと思います。たとえば、電車が好きなら見に行ったり、実際に乗ったり、写真を撮りに行ってみるといいでしょう。

本当にやりたいことに出合わせてあげる。それは途中で変わっていくけれど、一緒に考えて楽しんであげるのです。勉強だけでなく、いろんな体験から学べるのだということを経験させてほしいと思います。

基本的なものは十分育っているから、活用されていくのがこの時期。そう思うと、子育てが楽しいものになるのではないかと思います。

「できる・できない」ではない子どもへの視点をもとう

親はこうしたいくつか確認すべき成長ポイントを認識しておいてほしいと思います。

発育に関しては、母子手帳に記載されています。たとえば、武蔵野幼稚園のある八王子市が配布している母子手帳に、それぞれの年齢で育っておいてほしいこととして項目が挙がっています。

1歳のページには「部屋の離れたところにあるおもちゃを指さすとその方向を見ますか」「音楽に合わせて、からだを楽しそうに動かしますか」、3歳のページには「クレヨンで丸（円）が描けますか」「ままごと、ヒーローごっこなど、ごっこ遊びができますか」などと書いてあります。

成長のポイントは、あくまで目安であって、できないからダメというわけではありません。**子どもは、すべてが標準通りに育っていくのではなく、デコボコがありながら育っていきます。**早く歩けるようになった子でも、言葉がなかなか出てこなかったり、その逆もあります。

その目安をヒントとし、課題と捉えて、日々の生活で段階を踏んで育てていってあげると、子どもはできることが増えていきます。

「できた・できない」を評価として見るのではなく、伸ばすべきポイントとして捉えることです。親は他の子より早くできるようになっていると嬉しいし、できないと「なぜ?」と思ってしまいますが、先取りしてできるようになる必要はありません。園でも年長になって跳び箱や竹馬があるから、年中のうちから練習させようとする親御さんがいますが、必要ありません。**評価のためとか、比べるためではなく、「できた!」に到達するまでの過程で心が育っていくことが最も大切**なことだからです。

それに他の子より早くできるようになっても、すぐに他の子もできるようになりますし、竹馬などは興味をもってたくさん練習した子のほうがどんどん上手になっていきます。

やる前からあれこれいうよりも、子どもが行動を起こしたときに言葉を添えてあげてほしいと思います。ポイントは「過程を大事に」です。そういう視点で見ていけば、「できなかった」の中にも本人ががんばっている様子を認めてあげることができます。

第 3 章

「違い」と「普通」を学ぼう

すべての親に知ってほしい発達障害

私たち武蔵野幼稚園の教育方針は、発達障害の子たちの保育を考えたところが出発点になっています。多数派の平均的な子どもとは違う個性的な子がどうすればしっかり育っていけるかを私たちが考え始めたのは、二十数年前、まだ発達障害という名称がなかった時代からでした。

発達障害についてのスペシャリストである明星大学教育学部の星山麻木《ほしやまあさぎ》教授からは、発達障害についての学術的な見識を学んでいきました。**「ちょっと変わった子」もできれば乳幼児期からケアしていけば、予後もとてもよくなるばかりでなく、違いを強みにして生きていける**ことを教えてもらいました。

星山先生には教職員や親に向けての講演を、姉妹園の柚木武蔵野幼稚園と合わせて年2回行ってもらい、すべての親御さんに卒園するまでに一度は聞くように促しています。

子どもの中には五感の感じ方が、他の子とは違っている子がいます。たとえば、視覚でいえば、ノートに書いた一本の線が歪《ゆが》んで見える子もいれば、波打っているように見える子もいます。太陽の光をとてもまぶしく感じたり、プールの波のキラキラが怖いと感じる子がいます。

耳がよすぎて遠くの声が聞こえるとか、匂いにとても敏感で、食事の際、食材の匂いを全部個別に嗅ぎ分けられたりする子がいます。耳がよすぎると親や先生の話を聞きそびれて注意力散漫な子に見えてしまいますし、鼻がよすぎると食事の匂いが気になって好き嫌いがとても激しかったりして、困った子に見えることがあります。

五感だけでなく、集団が苦手という子がいます。5、6人までなら大丈夫でも、それ以上になるとその場にいられなくなってしまいます。初めてのことが極端に苦手だったり、よくしゃべるけれど人の話を聞けない子もいます。

ルールにこだわって遊びに参加できない子もいます。子どもの遊びの中でルールはどんどん変わっていきますが、それについていけなかったり、許せなかったりするために友達と一緒に遊べないといったことが起こります。

とにかく、他の子と違っているために、日常生活に支障が出たり、集団の場でみんなと同じことができなかったりします。そのため、幼児の場合は特に、「そわそわする」「泣く」「パニックを起こす」「イライラする」「怒る」という方法でその不安を表現します。すると、親も周りの大人もその子に対して扱いにくい子、困った子という見方をするようになります。こうした他の子と違った特徴をもっていることを総称して「発達障害」と呼ぶようになりました。発達障害をもつ子は一定程度いることがわかっています。

発達障害は生まれもった特徴であって、本人の努力が足りないからとか、わがままに育ったからとか、親のしつけが悪いのが原因ではありません。

子どものせいでも、周りの大人のせいでもありません。子どもの責任ではありませんから、子どもは大人を困らせてやろうと思ってそうしているわけでもなく、本人自身が困っているのです。**発達障害の子は「困った子」ではなく、「困っている子」なのです。**

そもそも発達障害にはさまざまな分類の仕方があって、よく用いられるものとしては、アスペルガー症候群、自閉症を含む「広汎性発達障害（ＰＤＤ）」、「注意欠陥・多動性障害（ＡＤＨＤ）」、「学習障害（ＬＤ）」の大きく３つにわ

発達障害のそれぞれの特性

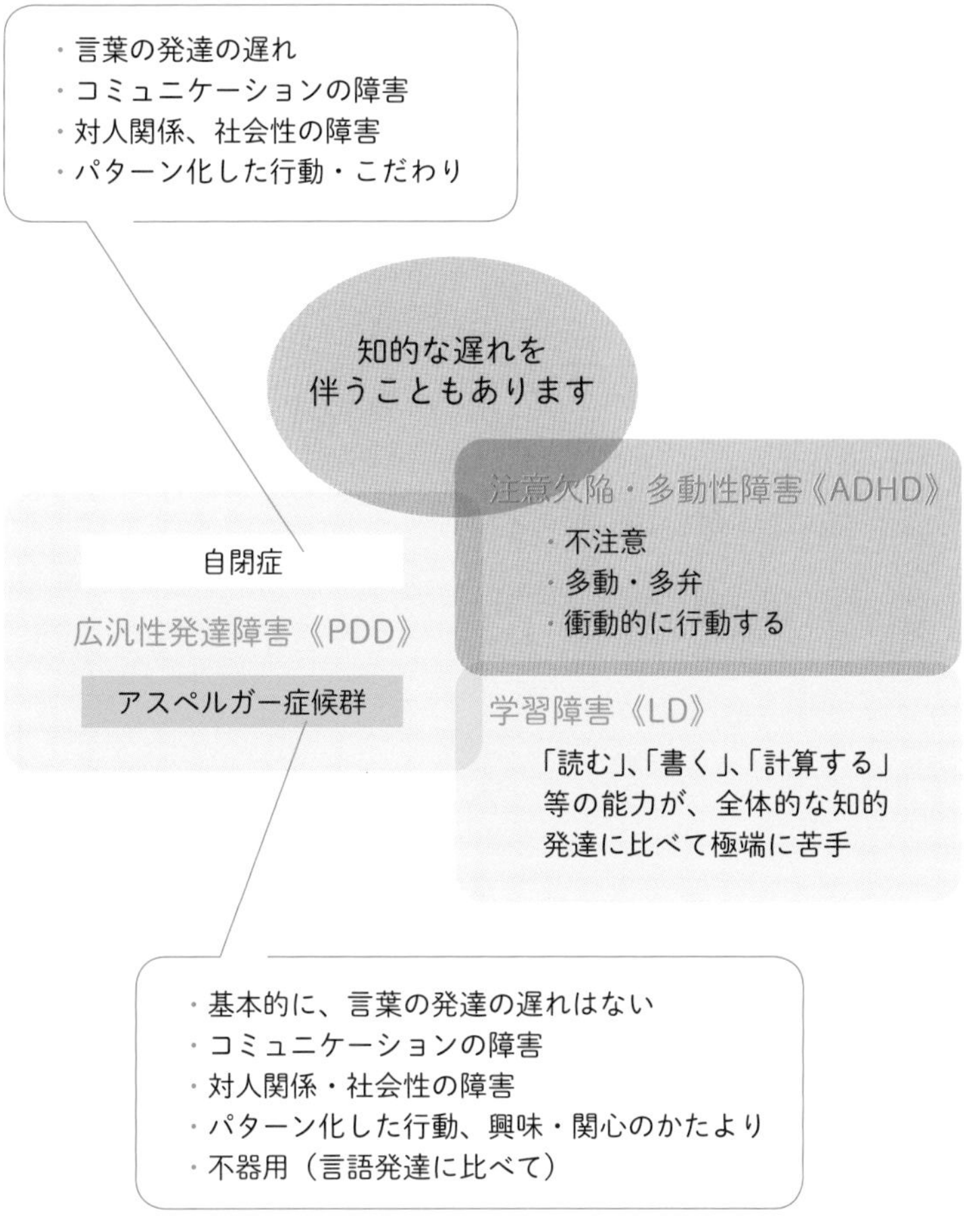

出典：厚生労働省「発達障害の理解のために」をもとに作成

ける場合です。

これらの傾向は、どれも一線を引いて明確にわけられるようなものではありません。子どもに必要な支援を定めるために分類しているのであり、発達障害と診断された子とそうでない子には、程度の差しかないのです。

そして、この3つの傾向はひとりの人間の中にさまざまな分量で同居しています。三原色のようなもので、いろいろな色が混ざり合って「自分色」をつくっているといえます。

ですから、**わが子を見るときには発達障害かどうかというよりも、大きくどのタイプに入るだろうかと考えること**です。そうすることで、わが子の傾向を掴むことが大切です。

知れば子どもの見方が変わる

そもそも、発達障害の子は、小さいときから大人に注意され、叱られて育っていることが多く、自己を肯定する感覚（自己肯定感）をもつことが難しいのです。

睡眠障害があると眠らない。感覚過敏でベッドや布団が気になって、眠れない子もいます。

「私はこんなに一生懸命やっているのにこの子は泣いてばかり、抱っこからおろすと泣く」と相談に来た親御さんがいました。感覚過敏の子がいると知らなければ、この子は「困った子」としか見えません。ところが、そういう子もいるのだと説明すると、「えー！　そうだったの。知っていれば、あんなに怒らなかったのに」といっていました。ベッドや布団、洋服でも感覚過敏の子に合うものがいまはありますから、そういうものを用意してあげるだけで泣く回数が減っていきます。

10のことを聞いても、そのうちの2しか理解できないとか、短期記憶が弱くていわれたことをすぐ忘れてしまう、という子もいます。そういうタイプの子がいることを知っていれば、「うちの子はそういうタイプなんだ」とわかります。

注意欠陥の傾向のある子は、テレビや食卓の周りにあるものが気になって食べられないということがあります。そういうとき、多くの親は「なんでご飯をちゃんと食べないの！　前を向いてちゃんと座って食べなさい」と叱ってしまいます。

けれども、発達障害のことを知っていれば、子どもではなく環境のほうを変えようと考えることができます。テレビを消して、食卓の周りの物も全部片づけて、すっきりした環境で食事をするようにすればちゃんと食べることができます。こうしたことを知らないで子どもを叱っているので、子どもは相当傷ついた状態で入園してくるのです。

武蔵野幼稚園は子どもにとって安心できる場だから自由に振る舞うようになり、一見すると勝手気まま、わがままに見えるようになります。そこもまずは出させないと自己肯定感は育ちません。

園児を集めたいときでも「泣いていてもいいよ、気がすんだら来てね」といって**大らかに接していると、子どもはとても許された気持ちで、園で過ごすようになります。**

発達障害の子は武蔵野幼稚園にもいますが、みんな先生のことが大好きです。発達障害の子こそ、わかってあげて、たくさん抱っこして、たくさんおんぶしてあげます。本人がもういいというまでやってあげるのです。

すると、いっぱい抱っこしてもらったな、おんぶしてもらったなという思いをずっともって生きていきます。

発達障害のことを知らないでいると、親は子どもを叱りがちだし、子どもは叱られてばかりだから「自分はダメな子なんだ」と感じます。親は周囲から「しつけがなっていない」「育て方に問題がある」といわれてしまいます。家族みんなが落ち込んでしまいがちです。

「イヤ」から特徴を掴む

武蔵野幼稚園では、入園からしばらくの間は園児の「イヤ」を徹底的に聞いていきます。

その「イヤ」の中身から子どもの特徴を掴んでいきます。すると、発達障害であるかどうかが見えてくるのです。

たとえば、泥遊びがイヤでまったく参加しない子や、工作が嫌いな子がいます。泥の感触が苦手だったり、糊のベタベタが気になってイライラしてしまったりします。こうした子の中には感覚過敏の子がいるのです。

散歩がイヤだという子の中には、みんなと調子を合わせて歩くことができず、いつも走ってしまう子がいます。こうした子は、多動の傾向があるのだなという見立てをします。

また、粘土工作をイヤがる子の中には、空間認知能力が弱い傾向にあり、立体的なものがつくれず全部平面的になるのが本人的に気になってしまっている場合があります。

そうして**「イヤ」の中身から子どもの特徴を知ることは、発達障害でない子にもとても重要です。**

発達障害はどこかで一線を引いて「ここからここまでは発達障害、ここからここまでは発達障害でない」とわけられるようなものではなく**程度の差があるだけで、子どもに支援を行う必要性のために、検査をして便宜的に一線を引いているに過ぎない**のです。

だから、発達障害でないと診断された子にも似たような特徴をもっている場合があるのです。その特徴を掴んだ上で声かけを工夫したり、導いてあげたりすると、自己肯定感がぐっと高まります。

「パニックになっても守ってくれる」「イヤだといっても理由を聞いてくれる」「どうしたら集団の中にいられるようになるかなと相談したら工夫を教えてくれる」、そのように思えたら本人は安心して、自分はここにいていいのだと思えます。

発達障害の療育には心を育てることが大切

現在は発達障害の子の療育には、大きくわけて2つの方法があります。

ひとつは行動療法です。行動を制御することで、体で覚え込ませていくようなイメージです。

徹底的に行動をおさえつけていく。たとえば、イスに座っていて、立ってはいけないときに立とうとすると、大人が両手で子どもの両肩をおさえつけて座らせます。

そうした療育を行っている施設では、大人が子どもの後ろにずらっと並んでいて、もぐらたたきのように立とうとする子を力づくでおさえつけていくのです。何度かやっていくと、子どもはあきらめて立たなくなります。

なぜ、そんなことをするのかというと、将来、会社の上司の命令が聞けないと働けないから、というのです。よかれと思ってやっているのですが、そうした方法を取る施設で育った子は、心が傷ついているから結局、自立できなくなっています。長い間、日本ではそういう療育が主流であり、いまも行われています。

行動療法的な手法が支持されてきた背景には、軍隊のように他人の指示に従える人がいいとされてきた歴史があります。集団の論理に従えるようにと力で抑え込む教育を行った結果、戦争を経て昭和の高度経済成長で成功体験を得たために、それがすべての人に当てはまる正解であるように錯覚してしまいました。

その名残が学校にはあり、小学校でもいまだになんのためにそれが必要なのかを教えないで、行動のみを抑制するように怒鳴《どな》って指示に従わせているところはまだまだ多いのです。そこから脱却しない限り、不登校やひきこもりは減らないだろうと思います。

最近増えてきているもうひとつの方法は、**心のサポートをしながら工夫を学ばせる療育です。行動をダメと叱らないで、環境を整えてあげるのです。**たとえば、座っていられない子は、イスをバランスボールに変えてみるだけで座っていられるようになります。ユラユラと体を揺らしていたほうが集中して勉強ができるという子もいます。

静かに座っていたいけれど、どうしてもそれができない子どもの気持ちに寄り添っていく。そのためにどうしようとか一緒に環境を整えて、選択できるようにしていくのです。

「困りごと」に対する処方箋を見つけてあげる

日本の社会は、できることを伸ばすよりも、できないことを指摘してできるようにしていこうという傾向が強いので、発達障害をもった子は「できないこと」が目立つため、ダメなところばかり指摘されて、自信をもてないまま育ちます。

そうではなく、できることを認めて生かしてあげる生活をしていけば、自信をもって生きていけます。

発達障害について、親が知っておかなければならないことは、**子どもが「座っていられない」「眠れない」「食べられない」のは、決して本人の心がけや努力が足りないせいではない、ということです。**できないものはできないのです。

とはいえ、「できないこと」も他の子と同じようにできないだけで、別のやり方をすればできることも多いのです。たとえば、線に沿ってまっすぐハサミで切れない子には、その線を太いものにするだけでなんなくできるようになります。線が細いと波打って見えるので、まっすぐ切れないだけということがあるからです。

小学校で教科書を読むときにも1行飛ばしてしまう子がいます。そういう子には「指で追って読めばいいよ」「定規を当てて読めばいいよ」といった工夫を教えてあげるだけでなんなくできるようになります。

幼少期のうちから、自分の特性を自分で知り、自分に合った工夫の仕方をわかっておけば、できないことに悩んで「自分はダメな子なんだ」と思うことはありません。

私たちはこうした工夫を発見することを「脳にバイパスをつけてあげる」といっています。

結果として、目的地に到達できればいいので、その道筋はどこを通ってもかまわないわけです。他の子と同じ道を通れなくても目的が達成できればいいのです。それは学校に通うようになっても、社会人になっても同じです。

一方で、発達障害の子の中には、非常に突出した能力をもっている場合があります。記憶力がバツグンに優れていたり、数字に強かったり、探求心が強くて好きなことはとことん深めることができる子がいます。

ある面で突出した才能をもっている子も、それはそれで苦労しています。先生のいっていることを1回で完璧に理解してしまう、理解力がずば抜けているタイプの子がいます。最初のうちは、周りの子とペースが合わないことがもどかしいらしく、「なんで1回でわかんないんだよ！」といってイライラしています。

そういう子にも「1回でわかる子もいれば、10回聞いてわかる子もいるのよ」というと、次第に「自分とは違うのだ」ということを理解していきます。それも「困りごと」を解決するひとつの要素です。

発達障害の判定

「わが子も発達障害では？」と思ったときには、判定する方法がいくつかあります。まず発達のことが相談できる市町村の窓口や療育機関、民間の相談機関などに相談に行くことをお勧めします。そこで希望すれば簡単な知能テストを受けることができます。主な知能テストに「田中ビネー」と「WISC（Wechsler Intelligence Scale for Children）」があります。

3、4歳ぐらいまでの子には田中ビネーで、5歳になるとWISCがいいだろうといわれています。田中ビネーはＩＱを算定することができるのですが、高めに出る傾向があります。これらの検査によって、得意な分野、不得意な分野を知ることができます。

海外には、満5歳の時点で全員に知能検査を行っている国があります。その結果いかんによって、知能の面でもう少し成長を待ったほうがいいだろうと判断された子は学校への進学に1年間の猶予が与えられます。療育的な施設に1年間通ったあとで入学できるシステムを整備しています。

しかし、**日本は横並びで全員一斉に入学させますから、発達障害をもつ子は学校でうまく適応できないことが多く、苦しい思いで過ごす子もいます。**

タイプ別子どもの見立て

武蔵野幼稚園では、発達障害の枠に子どもを当てはめるということはしませんが、大まかに「こういうタイプの子がいる」ということは、教員の間で共有しています。

園が誇る経験豊富な教員たちとも相談した上で、およそ次の5つのタイプにまとめてみました。わが子がどのタイプに最も近いか、また、自分自身がどのタイプに近いか考えながら読んでみてください。

タイプ①マイペースタイプ

「マイペース型」の子は、自分のルールへのこだわりが強く、そこから逸脱する他の子のことが許せないことがあります。

ドアや引き出しが閉まっていないと気がすまないなど、几帳面なタイプです。他人にもそれを求めるところがあり、注意してもめごとになることもあります。

柔軟性に欠け、頑固ではありますが、よくいえば「自分をもっている」ともいえます。集団よりも自分の流儀を優先するので、集団行動に同調しません。

本人は、意外と幸せに過ごしていて、あまり手がかからないタイプでもあります。

type ①

マイペースタイプ

《特徴》
・何事もゆっくり
・こだわりが強い
・振り回されない
・独創的でイメージ力が豊か

《大人になって向いている仕事》
コツコツと自分のペースで取り組める仕事
ex 研究者、文学者、哲学者、大学院から専門職に就く

《子どもの頃の様子》
・ひとりでも遊べる→意外と手がかからない
・案外よく寝る→生活ペースができるとくずれにくい
・のんびりだが物事を確実にこなす
・マイルールへのこだわりが強い→自分をもっている反面、独自理解が強く誤解することもある

タイプ②敏感タイプ

五感が敏感で、デリケートで繊細。音に敏感だと集団で過ごすのが苦痛に感じることがあります。食感や味、嗅覚に敏感で、「偏食」や「好き嫌いが多い」と見えてしまいます。

天気や気圧の具合でテンションが左右されやすい子もいて、雨が降っていると機嫌が悪かったり、イライラしたりしがちです。

よく気がつくので感謝されることも多く、お手伝いをやりたがるなど役に立つことを好みます。**人の気持ちがよくわかり気づかいができるのが裏目に出ると、気がつかなくてよいところまで気づいて、人に指摘してもめごとになることもあります。**

感受性が鋭いため、他の子が叱られているのを見るだけで自分もショックを受けてしまったりします。特に意識してアンテナを張っていなくても、自然と感じてしまうので神経が疲れがちです。夜も眠りが浅いため、お昼寝させるなど大人がうまく休ませる環境をつくってあげることが大切です。

type 2

敏感タイプ

《特徴》
・五感や感受性が鋭い
・頭の回転が早い
・イライラする傾向

《大人になって向いている仕事》
鋭い五感を活かせる仕事　ex 演奏家、ピアノ調律師、ワインソムリエ、薬剤師、管理栄養士、食品開発担当者など

《子どもの頃の様子》
・音、味に敏感、感触、光、視線も気になりがち
・気圧によってぐずったり、かんしゃくを起こすことが多い
・よく気がつき、お手伝い上手
・周りのペースに合わせてしまうので疲れがち
・好き嫌いが多い

タイプ③わんぱくタイプ

何かと騒ぎがちで声も大きく、行動もちょっと大胆なタイプです。昭和の時代にはよくいた「ガキ大将」ですね。

やる気があっていろんなことを積極的に引き受けるし、自分でもやってみたいと思います。褒められることも多いのですが、怒られもするような、よくも悪くも目立つ子です。

周囲の目はあまり気にせずに、思うように生きていて、人に対しても優しく接します。

感謝されるとますますがんばれるので、頼りにされます。明るく元気な人と見られるので、人とかかわる仕事などが向いています。ただ、正義感が強い面もあり、**言葉がうまく出てこないと手が出てしまったり、力づくで解決しようとすることもあります。**

かつてはよくいた子どもらしい無邪気なタイプですが、いまの時代ではおさえられて育てられることが多く、希少な存在です。

type ③

わんぱくタイプ

《特徴》

・ジャイアン的
・目立ちたがり
・行動力がある
・人が好き

《大人になって向いている仕事》

人前に出る仕事、人への優しさが必要な仕事
ex アイドル、お笑い芸人、学校の先生、地域活動の指導員、福祉施設職員など

《子どもの頃の様子》

・“昭和の子”らしく愛されるキャラクター
・うるさい
・人前でも物おじしない
・おちゃらけて周囲を明るくする
・一番でないと気がすまない
・人に優しく、お人よし
・行事、イベントでは燃える

タイプ④おっちょこちょいタイプ

興味・関心の幅が広く、発想が拡散するタイプ。次々に新しいアイデアが思い浮かぶ一方で、熟慮したり、念入りに下準備をしたりするタイプではありません。

忘れ物が多いというより、次々に関心が移ってしまう傾向があります。目も気持ちも常に次に向かうため、つまずいて転ぶことも多い。何かに体をぶつけても気づかないことがあります。

いろいろとやりたいことが多すぎて、周りにいる人は振り回されるのですが、**熟慮する人や用意周到な人と一緒にいるとうまくいきます。**アイデアが多彩で、行動力もあり、マルチタスクに長《た》けているので起業家に向いています。保育士にも多いですね。

マルチタスクの面では主婦業も向いています。

移り気なので集中力がないように見えることがあり、注意されがちです。そのせいで自信ももちにくい傾向があります。

type ④

おっちょこちょいタイプ

《特徴》
・移り気
・よく気がつく
・発想が豊か
・忘れ物が多い

《大人になって向いている仕事》
豊かな発想が必要な仕事　ex テレビ制作スタッフ・プロデューサー、メディアのリサーチャー（情報収集)、保育士など子どもを見る仕事、主婦業など

《子どもの頃の様子》
・興味、好奇心の幅が広い
・発想の展開が早い
・マルチタスクが可能
・即断、即決ができる
・目がキョロキョロ
・よく転ぶ

タイプ⑤おだやかなタイプ

ひとりでいることが多く、感情表現も豊かではないので、人からは寂しそうに見られがちなのですが、意外と本人は楽しんでいるので心配はいらないタイプです。

うるさいところ、人が多いところもあまり好きではありません。

あまりしゃべらないので、何を考えているのかが、わからない感じがあります。

打っても響かないので、親御さんからすると、子育てしていてもなんだか物足りないと感じることもあります。

好きな友達とは、気さくに話せるのですが、そうなるまでに時間がかかります。

慎重派で失敗が許せない面があり、周到に準備します。

細かい作業をひとりで根気よくできる職人肌でもあります。

type 5

おだやかなタイプ

《特徴》
- 物静か
- 元気なく見える
- 何を考えているかわからないと誤解されがち

《大人になって向いている仕事》
ひとりでコツコツ取り組み、極める職人仕事
ex 各種職人、高級料亭の料理人、イラストレーター、芸術家など

《子どもの頃の様子》
- 寡黙
- 喜怒哀楽の表現が少ない（楽しくないわけではない）
- 納得しないと動かない
- コツコツと物事を進める
- 交友関係は狭いが深い
- 全体を見渡す慎重派
- ぬり絵、切り絵、パズルなどをしているときの集中力がすごい

以上、5つのタイプについてまとめてみました。子どもはどれかの特徴に完全に当てはまるわけではなく、たとえば「わんぱくタイプ」が7割、「敏感タイプ」が3割というように、特徴が混ざっています。**もって生まれたものを親が尊重しながら、行きすぎない程度にコントロールしてあげてほしい**と思います。

ある特徴は場面によってプラスにもマイナスにもなるものです。見方を変えたり言葉を変えたりすれば、途端にプラスにも転じることができるのです。「優柔不断」も言葉を変えれば、「柔軟性がある」ということだし、「頑固」も言葉を変えれば「意志が強い」ということになります。

こうしたものの見方をした上で、子どもを否定するいい方でなく、気持ちに寄り添ったいい方をしてあげることが大切です。

とはいえ、子どもへのいい方は意識していないとなかなか難しく、訓練が必要です。そこで次の第4章では「自己肯定感が上がる声かけ」として、子どもへの声かけのし方を紹介しましたので参考にしてみてください。

子どものタイプを見極めて早めの支援を

園では懇談会や学年交流会など、親同士が交流できる機会を設けていて、ある学年交流会では先に挙げた5つのタイプと同じような子どもの特徴の分類をつくりました。子の特徴が共通する人たちでグループをつくり、家で接する際にうまくいっている工夫などをお互いに話し合いました。

すると、在園児にしている工夫だけでなく、その兄や姉などに行った工夫も学べます。「うちの上の子がそうだった。そのときはこうやってうまくいったよ」と教えてもらうのです。

わが子の特性を見極めることができたら、過去に似たような子が工夫によってうまく生活できているケースを参考にできます。

たとえば、「わんぱくタイプ」であれば、親が疲れてしまうけれど、「その子は脳が興奮しているから、体が疲れているときこそ脳が興奮して動きたくなってしまう。だから家に帰ってゆっくりするとそのコントロールがうまくいくよ」というふうに、子どもの調整をちょっとしてあげるだけで、お母さんも傾向がわかって工夫できます。他の親から聞いた工夫を生かすだけで、かなり改善されていきます。

親は、客観的にわが子を見る力をつけない限り、子どもをいつも怒っていなければならなくなります。自分を客観的に見る力を発達障害の子にもつけさせたいものです。本人も自分がダメなわけではなく、人よりちょっと工夫が必要だということがわかっていれば、自分を責めることはありません。

幼稚園でも、落ち着きがないけれど、すごくリズム感のいい子がいたり、聴覚が過敏で大勢の人がいるところは苦手でも、耳がいいから将来音楽家か何かになれるかもしれないという子もいます。

すぐに友達とケンカをしてしまうけれど、折り紙が上手で創作折り紙ができる子がいます。さらにその展開図を書いて友達に教えることができるような子もいます。

日常生活の中ではできないことが目立つ子も、他の場面では突出してできるということがよくあります。そこを早くに見出してあげると、将来の職業は見えてきます。簡単には入れないようなすてきな会社や組織、輝ける場を見つけられます。

発達障害のことを知識としては知っているし、自分の子どももそうかもしれないと感じていても、親はなかなか相談に行けないようです。現在、発達障害は障害者の枠にあてはめられるようになっているため、「自分の子どもを障害者として認めたくない」という思いがあるのかもしれません。

障害者といわれて喜んで受け止める人はいないかもしれないけれど、他の障害者と同じで、不便ではあってもそれで不幸になるわけではないのです。

ケアされて育った子は、ちゃんと就職できています。されなかった子はこじらせてしまって、学校に行けなかったり、社会に出られなかったりする人もいます。

子どもの人生を考えて、より多くの幸せな瞬間を感じて生活してほしいならば、そこは一歩踏み出したほうがよいのです。診断を受けて、それに応じた生活をしたほうが予後がよいことは、すでに実証されています。それは早ければ早いほどいいのです。

「違い」があるからこそ社会が豊かになる

大人になってから発達障害の診断を受けて、気持ちがラクになったという人がたくさんいます。自分がダメなせいではないのだ、人と違っていてもいいんだ、と思えるからでしょう。

発達障害について学んでいたり、「私はちょっと注意欠陥傾向があるんだ」などとオープンにいい合えたりした上で「みんな違っていていい」というのであればいいのですが、「みんな違っていいんだから、何をやったっていいでしょう」というのは違います。「みんな違っていていい」をはき違えている人はけっこういます。

みんながそれぞれ理解し合って、「みんな大事な人なんだ」という認識をもっていたならもうちょっと穏やかで、人を受け入れられる世の中になると思います。すべての人に対して「この人はこういう人なんだな」ということがわかると、イライラのストレスも格段に少なくなると思います。

人や自分を客観的に見られるようになれば、自分で気をつけるようになります。気をつけるようになるということは、自分の中でコントロールする力が備わっていくということ。そこまでくればもう大丈夫です。こうしたことが家や幼稚園などでできていけば、特別に療育施設に通わなくてもいいのです。

わが子が発達障害でなくても、わが子が接するクラスの子に発達障害の子がいたり、さまざまな特徴がある子がいたりするわけですから、**親が発達障害についで学んでおけば、子どもが友達との間でもめごとを起こしたときも冷静に対処できる**はずです。

いまはまだ発達障害の人のほうが少数派ですが、これからは発達障害でない人のほうが少数派になっていくかもしれません。なんでもまんべんなく、そつなくこなせる人より、何か一芸に秀でている人のほうが社会で活躍できるようになるはずです。いえ、もうすでにそういう社会になっていると思います。

大事なことは、多数派だからよいとか少数派だからダメというのではなく、**どんな人も自分の得意なことを生かして社会に貢献できるということ。誰もが違いを認められ、役割を与えられて、居場所があること**です。

その人がダメなわけではなく、リーダーがその人の人のよいところを活かせるようなポジションを見つけてあげれば、会社も伸びていくはずです。

その点においてはGoogleが代表的です。Googleでは、部署にもよるでしょうが、社員にはそれぞれ個室があって、どんな飾りつけをしてもいいし、アイデアが浮かぶのであれば寝転んで仕事をしてもいい。普通のイスだと集中力が続かない人は、バランスボールに座って仕事をしてもいい。昼間が元気な人は昼間に仕事をし、夜が元気な人は夜に仕事をしてもいいといいます。こんなことをすでに十数年前からやっているとのことです。

人とコミュニケーションを取るのが苦手な人は、すべてメールやチャットで意見交換してもいいことになっていたり、直接会うのが苦手な人はビデオ通話だけでも仕事ができるようになっていたりするといいます。仕事に人を合わせるのではなく、人に合わせて仕事を調整しているのです。そうして各自が持ち合わせている天才的な能力を生かすことができる会社だから、こんなに発展したのではないでしょうか。

Googleではできないことではなく、できることに注目し、突出した才能をもつ人を積極的に採用しています。欧米ではすでに発達障害の理解が進んでいて、高機能自閉症（知的発達の遅れを伴わない自閉症）や、アスペルガー症候群の中には、その人しかもちえない豊かな才能のある人がいて、それを伸ばすことで社会に貢献できる人材を育成しています。そうした才能は「ギフテッド（神様からの贈り物）」と語られることさえあります。

「好きなこと」や「得意なこと」はみんな違う

日本でも、発達障害は悲観するものではないという理解が徐々に進んでいて、アスペルガーをカミングアウトする有名人も出てきました。とはいえ、日本では欧米と比べるとまだまだです。

とりわけ現代は効率が求められる社会です。かつて経済が好調だったときは、少しくらいミスしても、少しくらい変わっている社員でも組織の中では許容されていました。ところが、いま企業は余剰人員を雇う体力がなくなっていますから、最小の人数で最大の結果を得ようとします。

すると、多くの人はあれもこれもできなければならなくなります。たくさんの仕事のうち、どれかひとつができないとそこばかり叱責され、自信を失い、仕事を続けられなくなっている人がたくさんいます。

もっと寛容な社会になれば、少しくらいミスしたって、少しくらい変わっていたって自信を損なわずに生きていけるはずです。その意味では、社会にはもっともっと発達障害に対する理解が必要です。

私は発達障害という名前ができる前から、ある特徴をもった子を「周りとはちょっと違う子」として見ながら、どうしてそうした子がいるのかさまざまな知見を学んできました。その知見を学ぶ前は、「他人はみんな自分と同じような感覚、同じような考えなのだろう」と思っていましたが、これほどまでに違っているとは思ってもみませんでした。**自分がいいと思ったものが他人はそうでない、自分が簡単にできるものが他人には難しいものなのだ、そしてそれがまた逆であることもあるのだ**――そんなことがわかってからは人間に対する見方がガラリと変わりました。

武蔵野幼稚園では、人はみな得手不得手があって、五感や気持ちの感じ方もそれぞれなのだということを体験的に学びます。たとえば、動物園づくりがそうです。園では年中のときに段ボールや障子紙で大型動物をつくって、学年でひとつの大きな〝動物園〟をつくります。年長ではクラスごとにジオラマ（ミニチュア）の動物園をつくります。

年長のジオラマ動物園づくりでは、グループで話し合ってつくります。設計図を書いたり、動物をつくったりする中で、期日までにできそうにないことがわかると、子どもたちで自然と役割分担を始めます。飼育小屋や休憩センターやレストランなど建物をつくる子、字を書くのが得意な子は案内板を書いたりというふうに、話し合いによって適材適所で役割が決まっていくのです。

発達障害の子が自分の特性を掴んで工夫を学んでいくのと同時に、発達障害でない子も発達障害の子との付き合い方を、活動を通して学びます。

それは年長の劇でも見られます。「僕は恥ずかしいからお母さんたちの前には出たくない」という子には、人前に出られるように促しながらも、どうしてもできないなら「じゃあ、なんならできるの?」と聞いてあげます。「効果音を鳴らすのならできる」ということになれば、「じゃあ、それお願いね」と役

夜の動物園をイメージしたジオラマ。細部まで丁寧につくり込まれている

割を与えてあげる。

すごく神妙な顔をして歩かなければいけない劇の場面で走ってしまう子がいて、みんなからは「なんでお前走るんだよ」といわれてしまうのですが、「静かに歩こうと思っても、なんか緊張すると走っちゃうんだよ」といってくれたこともありました。「あー、そうなんだね、じゃあ走っても、まあいいか」となりました。

子ども同士が活動しながら、**自分とは感じ方やできることが違う人がいるのだという人間理解を深めていく**のです。「主役だからエライ」とか「演じられるからスゴイ」わけではないとわかっているから、どんな役割を与えられても自信を失うことはありません。

「普通」とは何か

親の感覚として、他の子と同じことができないのは「劣っている」と思ってしまいます。他の子と同じようにできるのが「普通」だとも思っています。いろいろなことが他の子並みにできて、その上でどこか一点、秀でたものをもっていてほしいというのが、親の本音ではないでしょうか。前述したWISCは、言語理解、知覚推理などの各項目を得点化したときに中央値を100としています。結果が平均値に近いことが社会では「普通」とされています。

ところが、子どもはある項目は130点でも、ある項目は65点というふうにデコボコがあります。にもかかわらず、**全部が平均に近いところに入るように、さらに何かに秀でていることを求められると、子どもは苦しい**と思います。

母親と話していると、4歳まではみんな同じように成長して、その後、個性が出てくるものだと思っています。実際は、**生まれたときからみんな違います。自分なりの成長の設計図をもって生まれてくるのが人間です。**

中学や高校では突出して目立ってしまうと（これを悪目立ちというらしいのですが）、いじめられたり、仲間外れにされたりするような強い同調圧力の中で極力目立たぬように普通であろうと育ってきています。女の子は特にその傾向が強く、母親たちもその中で傷ついて大人になっています。

「みんな違うのだ」ということを情緒的にではなく科学的根拠として学べば、自分の子が周りの子と同じようにできなくても受け入れられるのではないでしょうか。親は子どものことを、自分とは別人格の一個の個人として客観視できるといいと思います。

父親に比べて、母親はそう思うのが難しいというのはわかります。自らのお腹を痛めて産んだという事実があるから、ちゃんと育たないのは妊娠中の過ごし方が悪かったのだと自分を責める母親もいます。

「胎教をちゃんとやっておけばよかった」というお母さんがたまにいますが、そんなものに因果関係はありません。人間はそんな単純なものではないのです。どこでどう力が出るかわからないし、見えないけど、育っているものはあります。そこを信じてやってみるしかないのが子育てです。

「個」を尊重するから集団の中で輝ける

「普通」が求められる理由として、日本では個人より集団の論理が優先されるということもあります。個人よりも、集団の論理のほうに合わせないといけない圧力が強いのが日本の社会です。

集団といえば、リーダーが命令してそれに従うことだと多くの人が理解しています。かつての軍隊がそうだし、昔気質の部活動の指導などがそうです。力づくでおさえつけて、従順な子がいい子という理解です。

武蔵野幼稚園では集団を大事にしますが、園児がそこに気づいていく過程はまったく異なります。

年長のジオラマ動物園づくりで、最初の柵づくりでは園児それぞれが自分のつくりたいものを勝手につくっています。グループでひとつのものをつくろうとすると、作業がなかなか終わらないことを知り、「期日までに間に合わない」と子どもは次第にわかってきます。そのときにどうしようかと考えます。

すると、**自然と得意なものを分担して作業するようになります。分担していくと、早くできあがります。**最初は「自分がやりたいようにつくっていけばいいんだ！」といっていた子が変わっていきます。「みんなでつくる動物園」の「みんなで」の意味を学びます。

つくっていく過程で「課題を要求する」「認め合う」ことをしていきます。「ここはもうちょっとこうしたほうがいい」と伝え合い、他者からの要求に応えることができたことを誇りに思う気持ちも芽生えていきます。認められれば自信にもなります。

その結果、独りよがりでいるより、みんなでつくったほうがいいものができるのだということに気づいていきます。

最初から「集団が大事」ではなく、活動を通して「みんなでつくるって素晴らしい」ということを体験で学ぶことが大事なのです。**個人が尊重されていてこそ、集団になったときに生きてきます。**

まず集団ありきではなく、個人ありき。「個人が尊重されている」とは、自分の意見に聞く耳をもってくれていると感じられることです。入園時から丹念に子どもの話を聞いていれば、集団になってもしっかり自分を出していけるのです。

子どもの証言が証拠に

武蔵野幼稚園の運営は、子どもたちに訓練させてもらいながらノウハウを蓄えてきました。子ども自身が困っていることを当時は言葉で表現できなくても、中学生、高校生になってからふらっと園を訪れて「あのときはこうだった」と教えてくれることがあります。

「鉄棒で前回りをするとき、地面が迫ってくるようで怖かったの」などというふうにつぶやいてくれるのです。「そうだったの、気づいてあげられなくてごめんね。いまの子たちに伝えていくね」といって実際の保育に生かしていきました。

発達障害のことについても、子どもたちが何に困っているのか教えてくれたから、私たちは人間の見方を深めることができ、本当に役立ちました。とてもありがたいことです。だから、私たちはいつでも子どものいっていることに耳を傾けようと思っているのです。

子どもの気持ちを尊重するのは、わがままにさせるもとだと思っていたらなかなかできません。そうではなく、子どもの心を育てていると思うことです。

家庭でも教育現場でもそこを丹念にやっていけば、子どもは発達障害があっても育ちます。そのサポートは大人がやるべきことではないでしょうか。

子どもが気持ちを表現するのは、大きくなってからになります。ピアノやサッカーは「できる・できない」が見えやすいけれども、心の成長は見えないからです。見えないものに対して働きかけをして、達成感みたいなものを得るまでにも長い時間を要します。それでもできるのは、「子どもにとって」を考えられる親や先生たちだからこそです。

第4章

自己肯定感を高めて、自分で決めて行動する子に

自己肯定感があってこそ「根っこ」が育つ

「困難だと思っても挑戦できる」「努力し続けられる」「最後までやり抜ける」といった心の根っこが育つ前提となるのが、自己肯定感です。

この自己肯定感という言葉は、読んで字のごとく「自己」を「肯定する」感覚のことをいいます。

それは単に自分が得意なこと、自分のよいところを誇りに思う気持ちだけをいうのではありません。**不得意なことや、自分のイヤな点も含めて、「これが自分なのだ」と丸ごと引き受けて、ありのままの自分をそれでよしと思える感覚のこと**です。

ですから、「○○が得意だから自分はOK」というような根拠は必要ありません。根拠なく、自分を認められる気持ちが自己肯定感です。

自己肯定感がつくられていくには、第2章で述べた愛着関係ができていることが基本となります。子どもが失敗したとき、ルールを守らなかったときこそ、見捨てない言葉がけが大事です。その愛着があると、子どもに「自分を大事にしよう」という気持ちが生まれ、自己肯定感の土台が育まれていくのです。

自己肯定感を育てるには、すでに述べたように、年少のときからたくさんの「イヤ」や「〇〇したい」を聞いて、まずは子どもの要求を受けて入れていきます。年少のときはまだ「世界は自分のために回っている」状態ですから、他者との関係を調整できません。「砂場で遊びたい」「教室に入りたくない」といった、したいこと、したくないことを気前よく受け入れてあげるのです。

ですから武蔵野幼稚園では、最初から「教室に入りましょう」「座って待ちましょう」と号令をかけることはありません。「みんなでおやつを食べますよー」と声をかけても、「まだ外で遊んでいたい」という子には、「じゃあ、入りたくなったらおいでね」とだけ伝えておきます。すると、あとで部屋に入ってきます。「外で遊びたい」という要求を叶えてもらったので、自分も相手の要求に応じようと思うからです。

ところが、「いま来ないとおやつをあげないよ」といわれると、自分が要求を受け入れてもらえないばかりか、「おやつをもらえない」という罰も受けて

まだ砂場で
遊びたかったんだね
教室に入りたくなったら
おいでね

しまいます。こうしたことが積み重なると、子どもは次第に反発していきます。

人間は自分の要求をのんでもらって初めて、相手への信頼が芽生え、相手の要求に応えようとします。

年少の時点では自分中心ですから、まずは自分の要求をのんでもらえたことをもって相手への信頼を得ていく時期です。

入園して3か月ほど経った6月の終わり頃には、先生と子どもとの間に信頼関係ができていくので、そこからは少しずつこちらの要求を伝えていくようにします。

子どもの自己肯定感を上げる声かけ①

「○○がしたかったんだね」
「○○がイヤだったんだね」

自分の得手不得手を客観的に知る

年中の2学期あたりになると、「自分の世界」だけでなく、「他者の世界」も意識できるようになっていきます。社会的な感覚が育っていく段階です。相手にも「こうしたい」「イヤだ」という気持ちがあることを知ったり、自分と他人とは得手不得手が違っていることも気づくようになります。

絵を描いたり、工作したりするときに、自分より上手な子を見て感心したり、2学期の10月に行われる運動会の練習では、自分より足の速い子がいることもわかってきます。この頃には子どもはすでに自分がどのくらいの位置にいるかわかっていますから、「そんなことないよ、上手だと思うよ」とか、「足は速いと思うよ」と大人からいわれても心は晴れません。

こういうときには、「色使いがすてきだね」とか、「一生懸命走っていたのを、お母さんは見ていたよ」と違うところに目を向けるような声かけをしてあげましょう。

また、「絵が上手になりたいんだね」とか、「足が速くなりたいんだね」というふうに、**子どもの気持ちに寄り添った声かけをしてあげると、共感してもらえたことで心が満たされて、努力していこうという気持ちが生まれます。**

こうして自分に対する客観的な目ができてくると、年長では少しのことでは動じなくなります。運動会では年長はクラス対抗のリレーを行いますが、「僕は足が遅いから、○○君がアンカーを走るといいと思う」といったことがいえるようになってきます。

足が遅くても、他の場面、たとえば絵が上手であるとか、歌がうまいといったことで認められているので、自分を悲観することがありません。「足が遅い

のも、それも自分」と割り切って不得手を認められるのです。これこそが自己肯定感です。

武蔵野幼稚園では、誰もがどこかに「好き」や「得意」が見つけられるように、運動や歌、絵や工作といったようにいろいろな場面をつくっています。その中から自分の「好き」や「得意」を見つけて他者との違いも学んでいきます。そのことで、将来の仕事を見つけるヒントにしてほしいとも思っています。

卒園するときには、**人間は「好き」や「得意」なものが違うだけで、絶対的に偉い人などいないのだという**

ことを理解します。だから他人を見下すこともなければ、過度に尊敬することもありません。そうした基本的な「人間観」を学んで卒園するのです。

小学校では授業数が不足すると、まず校外学習や学芸会が削減対象になると聞きます。運動が苦手な人の中には「運動会なんて必要ない」という人もいます。けれども、さまざまな場面があったほうが、得意なことを発揮して自信を育てていけます。

勉強が苦手な子は運動会で、運動が苦手な子は学芸会で活躍することで、学校が丸ごと楽しくない場所ではなくなります。自己肯定感が高ければ、何か不安や不満があっても心が折れずに人生を歩んでいけるのです。

子どもの自己肯定感を上げる声かけ②

「〇〇になりたいんだね」

「この点がすてきだね」

「怒る子育て」は子どもの自主性をつぶす

得手不得手を客観的に自覚しないと上がっていかないのが自己肯定感です。苦手や得意はできるだけ早い時点でわかっていたほうがいいものです。

もちろん、成長するにつれて得意なものにも「上には上がいる」ことがわかるようになりますし、苦手が努力によって得意に変わっていくこともありますが、大まかに「自分にはこんな特徴がある」ということをわかっておいたほうがいいのです。

すべてにおいて人より秀でている人はいません。運動神経もよく、工作でも素晴らしいものをつくれる子はいますが、人の気持ちを汲み取るのが苦手だったり、深く考えて行動するのが苦手だったりするものです。

人間というのは、苦手もあり、得意もある。だからおもしろいのだという感覚をもって育ってほしいと思います。

子どもがまずいことをしてしまったときでも、なるべく否定語を使わないよ

うにすることです。「○○してはダメ！」ではなく、「これならいいよ」と伝えていくのです。
たとえば、ソファの上でジャンプして遊ぶ子には、室内用のトランポリンを与えて「ダメ！」ではなく、「トランポリンでジャンプしたらいいよ」というようにします。「家の壁に落書きしないで！」ではなく、「裏紙を束ねておくから、好きなだけ使っていいよ」と伝えておくのです。
すると、子どもは「自分はダメな子ではないのだ」というメッセージを大人から受け取ります。

子どもの自己肯定感を上げる声かけ③

「こうするといいよ」「これならいいよ」

「できなかった」の中にも成長を見つけよう

子どもは何が起こっても自分の気持ちを認めてもらえれば、自己肯定感が下がることはありません。子どもを認めてあげるというのは、単によくできたことを褒めることを指すのではありません。「できなかった」ことの中でも、その過程を認めてあげることです。

たとえば、お友達を叩いてしまった子がいたとします。叩かれた子のフォローをした上で、叩いた子には「昨日はいっぱい叩いたけど、今日はちょっとしか叩かなかったね」といって、行動の中身を認めてあげます。まずかった行動の

中にも、何かその子の中で成長した部分を見つけてあげるのです。

勝負ごとにこだわるあまり、負けるとすぐに大泣きする子には、「昨日はワーっと泣いたけど、今日は泣いてる時間が短くなったね」という具合です。

運動会や劇のときでもそうです。年長の運動会では4段の跳び箱を跳ぶように子どもたちに働きかけていきますが、最終的にどうしてもできない子は3段を選びます。そんなときでも、4段を跳ぼうと練習したことを認めてあげるのです。

劇でも、どうしても人前で演じる

のが恥ずかしいという子は、効果音を出す役になったり、舞台セットか小道具をつくる役になったりして参加する子がいます。本人は「できなかった」と思っているときに、先生や友達から「○○ちゃんがよくやってくれたから助かったよ」と認められれば自己肯定感は下がりません。

得意なことができたときに褒めたからといって、必ずしも自己肯定感が上がるわけではありません。得意なことができても、当たり前という顔をしている子はいます。でも、**自信になったり、自己肯定感が上がったりするのは、本人が悩んだり、苦しんだり、葛藤したりして、それでもがんばって達成したときです。**

なんなくできたときより、苦労してできたときのほうが喜びは大きくなるものです。そのときに、「がんばっていたね、ちゃんと見ていたよ」という大人からの言葉はとても励みになると思います。

結果だけではなく、過程を認めてもらえた喜びは、子どもの中にずっと残ります。その思いが、その後の人生で再び困難に出会ったとき、乗り越えていくエネルギーとなるのです。

子どもの自己肯定感を上げる声かけ④

「でも、○○したのはよかったよ」「がんばっていたのを見ていたよ」

人格ではなく、行動を指摘しよう

子どもは怒られると、当然、自己肯定感は高まりません。未就学児の間は、怒る必要はまずないといっていいでしょう。

怒らないで育てたほうがいいことは頭ではわかっていても、なかなかできないというのもわかります。

昨今は、子どもが遊んでいる声を騒音と捉えるような大人がいたり、お店の中をちょっとでも走ろうものなら、「昨今の親は」と眉をひそめる大人もいた

りして、子育てが大変しにくい時代です。

そういう時代の雰囲気を実直に受け取りすぎて、「しっかりしつけをしなければ」と考えるあまり、子どもに「ダメ！」「いけない！」ばかりを連発してしまっている真面目な親は多いと思います。

子どものことで親が他人に謝ってばかりいると、「自分は悪い子なのだ」と理解してしまいます。

親のしつけに厳しい目を向ける社会を、いますぐに変えることはできませんから、子どもへの声かけで自己肯定感を育てていくようにしましょう。

コツは、本人そのものではなく、行動を指摘することです。

どんなに悪いことをした子でも、その子なりのいい分があります。そこを丹念に聞いていき、「そうしたい気持ちがあったんだね」と共感します。その上で、まずかった行動を指摘し、「○○しないですむにはどうしたらいいかな」「今度はこうするといいよ」と正しい行動に導いてあげるのです。

たとえば、お友達を叩いてしまったというときでも、「叩きたい気持ちだったんだね」と共感した上で、「でも、叩いたら痛いよね。見て、泣いてるよ？」と伝えます。

すると、叩いた本人は「自分の腹が立ったのは悪くない。でも、やり方がまずかった」と気づけます。そう気づくと、「腹立たしい気持ちは言葉にして伝えよう」と思うことができます。

指摘すべきなのは人格ではなく行動です。行動が間違っていれば直せますが、人格を指摘されても子どもはどうすることもできないのです。

子どもの自己肯定感を上げる声かけ⑤

「○○したい気持ちだったんだね」
「○○しないですむにはどうしたらいいかな」

ケンカのときは双方の気持ちに共感して通訳になろう

生真面目な親はケンカのときでも裁判官になりがちです。子どもが外で友達と遊んでいて、あるいは自宅できょうだいと遊んでいてケンカが始まったとき、どの時点で割って入っていくべきか悩むと思います。

相手がケガをしそうになったとき、たとえば石を投げようとしたときなどは即刻、間に割って入っていかねばなりません。命にかかわることやケガをしそうなときは、ためらわずに子どもの行動にストップをかけるべきです。

しかし、それ以外はケンカを止める必要はありません。相手との関係がこじれるとあとで面倒なことになるからと、ケンカを初期の段階で止めてしまいがちです。善悪の判断を教えようと、裁判官になって判定してしまう親も多いのです。けれども、ケンカを大人の力で止めてしまうと、子どもはそこから何も学べません。

ケンカになったら、大人は裁判官ではなく通訳になりましょう。「見て、泣いてるよ？」といって、双方のいい分を聞いてあげましょう。子どもは単に自分でも整理のできない感情をぶつけ合っているだけではなく、よく見るとその子なりにいい分があることがわかります。興奮していると、相手のいい分が入ってきませんから、**通訳になって冷静に相手のいい分を理解するように仲介するのです。**

話を聞いたら、「そうだったの、それはイヤだったね」と共感してあげて、ケンカ相手に「○○ちゃんは、××がイヤだったんだって」と伝えます。これを双方にしてあげてください。どんなに悪いことをしたときでも、子どもはその子なりの理由があってやっています。問答無用で悪いほうだけを叱りつけていると、子どもの自己肯定感は下がり、やがて話をしなくなっていきます。大

人も信用しなくなります。

双方の興奮状態が収まって相手の話が入ってくるようになったら、「どうしたらいいかな?」とケンカにならずにすむ方法を考えさせます。アイデアが出てこないようなら、「20数えたらブランコを代わってあげるのはどう?」「あとで一緒に遊ぶのはどう?」と案を出してあげるとよいでしょう。

「わかった?」と聞くと子どもはたいてい「わかった」と答えますが、心底納得していないこともあります。それは表情をよく見ていればわかります。言葉とは裏腹に表情にはっきり出るのが子どもです。

大人自身がすっきりしたいために、学校では子ども同士で握手させて仲直りの証としているようなところがありますが、握手したところで納得していなければ火種はくすぶったままで、いつかまた再燃します。双方が納得するまで何が問題だったか腹の底から吐き出させることです。

年少の頃は「何がイヤだったの？」と聞いても「イヤだったから」としか答えられませんが、次第に「○○がイヤだった」と具体的なことがいえるようになっていきます。拙《つたな》くても言葉にすることで自分の気持ちと向き合い、自分の気持ちに気づき、自分の言葉で表現する方法を学びます。

本来、子どもは自分たちで解決する力をもっています。大人は子どもの力を信じて、そこを少し後押ししてあげるだけでいいのです。

子どもの自己肯定感を上げる声かけ⑥

「（ケンカをした相手に）○○がイヤだったんだって」

「ケンカしないためにはどうしたらいいかな?」

遊びが自己肯定感を高める

自己肯定感が高い子の親を見ていると、ある程度、自由に、大らかに子どもを見守っていることがわかります。園庭で砂場遊びを見守っている母親の反応は、「そんなのやめて、服が泥だらけよ!」というのと、「うわー、汚れたね、楽しんだね!」というものに大別できます。

親からひとりの個人として認められ、尊重されている子は、「ダメ!」「いけない!」ばかりではなく、ある程度、やりたいことをやらせてもらって生きていて、自己肯定感を高くもっています。

そのもとになるのが、思うように、好きなだけ、たっぷりと遊んでいるかどうかです。**遊んでいない人は自己肯定感が低いものです。なぜなら、「常に評価の中で生きているから」です。**

学校に通うようになって評価にさらされるならまだしも、生まれた数か月後から評価されているのがこのご時世です。

生まれたときには、無事に生まれてきてよかった、死なずに育ってくれれば何も望むものはない——そう願うのがすべての親だと思います。ところが、数か月も経つと「ちゃんと育っているだろうか」「発育が遅れているのではないか」と〝評価〟を始めます。

遊びより習い事が日常生活の軸になっていくと、子どもは評価の中で自分をつくっていくことを習慣化させます。しかし、遊びが日常生活の軸になれば、評価を気にせず、何事にも関心を示し、チャレンジするようになっていきます。

遊びは習い事と違って評価されることがありません。子どもの遊びには「楽しいから」以外の理由や目的はありません。あえていえば、遊ぶことそのものが目的です。せっかくきれいにつくった泥だんごも自分でいとも簡単に壊してしまいます。子どもにとっては壊すのも含めて遊びだからです。

幼稚園では砂場を大切な遊びの場として位置づけています。砂場では「こうやって遊ぶもの」という形がありません。山をつくってもいいし、そこにトンネルを掘ってもいい。水を流してドロドロにしたところに寝そべってもいい。泥だんごをつくるのも子どもたちは大好きです。武蔵野幼稚園では、子どもが砂場に落とし穴を掘って先生たちをはめるのが毎年一度は流行します。私もはめられてあげて、一緒に楽しみます。

砂場でつくったものは、家のおもちゃと違って壊しても誰にも怒られません。壊す行為は大人でもすっきりしますが、それは子どもも同じようで、山でもトンネルでもつくったそばからどんどん壊します。**それが心の解放につながり、ストレスを解消しているのです。**壊してもすぐにまたつくれますから、それも砂場のいいところです。

砂場がなくても、自然の中で遊べばいいでしょう。自然の中で遊ぶことも「正解」がありません。最低限のルールを守り、安全に気をつけさえすればあとは何をやっても自由です。

正解がなければ失敗もありません。失敗がない行為は気楽です。せめて幼児の段階では評価されることがない場所で、たっぷりと遊びに没頭させてあげてほしいと思います。

矯正したほうがいいこと、しなくていいこと

そうはいっても、何もかも子どもの好きなようにさせてあげられない、というのが多くの親の反応でしょう。何を許し、何を禁止したらいいのか、その線引きがわからずに悩むのだと思います。

社会的なルール。たとえば、信号を守ること。これは矯正すべきことに違いありません。事故に遭って命を落とすからです。だから、子どもが道路を渡りたいといっても、渡れないといわなければなりません。大人が「そう決まってるの！」としかいわなければ、子どもは自分の気持ちと折り合いがつけられません。

「車がよく通るところには信号があるんだよ。信号に従って車は走ったり止まったりしているんだよ」と逐一ちゃんと説明してあげれば、こうした問答は少なくなっていくはずです。

子どもへの説明がめんどくさくなって「できないものはできない」といって

いないでしょうか。

「両方から来たらぶつかっちゃうでしょ。だからこっちが青のときには、あっちが赤になって安全に通れるようになるんだよ」というふうに、**ルールを守ることは自分の身を守ることになることを教えてあげるのです。人間というのは、自分の利益になるルールには従うものです。**

逆に、砂場でもうちょっと遊んでいたいとか、公園で何をして遊ぶかといったことは子どもに自由に選ばせてあげます。それで大人が困るようならすべて説明します。

たとえば、自転車と砂遊び。遊びに出かけるときにどちらかを子どもに選ばせて、自転車なら自転車、砂遊びなら砂遊びの道具をもたせます。自転車を選んだなら、「今日は自転車ね」といってそれに集中させます。

でも、子どもは気ままで、移り気ですから、そのうち「砂場で遊びたい」というかもしれません。「砂場の道具を家まで取りに帰りたい」とダダをこねることもあるでしょう。でも、親は「このあと買い物して夕飯の支度をしなくちゃ」と考えていたりして困ってしまいます。

道路は車も走るところだから危ないよ
もう少ししっかり乗れるようになってからね

そういうときは、「自転車は誰がしたいといったんだっけ？」と問いかけます。すると、子どもは「そうか、自分がいったんだ！」となります。親が決めたら説明のしようもありません。要求をのむことは、わがままを突きつけることもできるということでもあります。

要求してやらなかったりしたら、親に「いったよね？」と問われることになる。すると今度はよく考えるようになる。要求されたらまた考えます。そのようにして考える力も身につけていきます。

買い物に行くときも、「今日はスー

パーでお菓子を買わない」と約束してから家を出る。約束できないなら行かない。「今日はお菓子をひとつ買っていいよ」といったら、子どもに任せて決めさせる。子どもが決めたものはなるべく尊重します。そのようにしていけば、ことさら矯正しようとしなくても、自分で適切な方法を考えられるようになります。

「絶対ダメ！」としかいわずに子どもが泣き叫ぶのを無理やり連れて行くと、何がいけないのか子どもはわからずちんぷんかんぷんです。**丹念に説明するめんどくささをすっとばしてしまうと、子どもが大きくなってからめんどくさいことが増えていきます。**

考える力、判断する力をつけておけばあとがラクです。なんでもないことのようですが、すごく意味があって重要なことを毎日の生活で教えているのだと思ってください。

体験と言葉を結びつけてあげると、ルールを守る子になるはずです。親の都合で子どもを動かしていると、小学校の高学年になれば子どものほうが賢くなっていくので、子どもの都合で親が動かされるようになっていきます。

子どもの自己肯定感を上げる声かけ⑦

「（要求を受け入れた上で）誰がこうしたいっていったんだっけ？」

「それにはこういう理由があるんだよ」

線引きの3つのキーワード

自由にさせるところと、そうでないところの線引きのキーワードは、次の3つです。

「命にかかわること」

「理不尽なこと」

「人権にかかわること」

「命にかかわること」は明快です。

たとえば、こんなことがありました。未就園児の会で、親子で散歩に行くことになりました。すると、園を少し出たところで、ある親子がいつまで待っても来ません。戻ってみたら親子で虫を観察していたのです。

本人の気持ちを大事にしているのはいいのだけれど、限界はあります。みんなとうんと離れると迷子になるわけですから、やりたいことをさせながらも「迷子になると困るから、もうちょっとみんなについて行こう」と親はいうべきだと思います。武蔵野幼稚園では里山の山林の中を散歩することもあるので、下手をすると迷子になることもあり得るのです。

そうかと思えば、好きな遊びをしていて、おやつですよといっても子どもが来ないとき、「早く来なさい、みんなもう集まっているでしょ！」と親がすごく怒ることがあります。何か危険があるわけではないから、「食べたくなったらおいでね」でいいのです。命や安全にかかわること以外は子どもの気持ちを優先してあげましょう。

次の**「理不尽なこと」というのは、自分の責任ではないことで、責められた**

り、とがめられたりすることです。

たとえば、発達段階に合わないことをさせること。他の園では3歳の子に高尾山を登らせたりします。高尾山は599mとさほど高い山ではありませんが、麓《ふもと》から歩けば頂上まで大人でもゆうに1時間半はかかります。

そこを3歳に登らせて、遅れを取った子に「早くおいで！　来ないと置いていくよ！」と先生が怒鳴っています。本人のがんばりではどうにもならないことを求められても、子どもは何も楽しくありません。

第3章で述べた発達障害があるために、できないことがあることについても同じことがいえます。

また、きょうだいの間で、兄だから姉だからといって我慢させられるようなことも理不尽なことに入ります。長子として生まれるか、末子として生まれるか本人は選べません。本人の努力ではどうにもならないことを理由に行動を制限されることは、子どもにとってとても理不尽に感じます。だから、ケンカのときは兄や姉だからといって我慢させてはいけません。

最後の**「人権」**についてはいわずもがなです。人の尊厳を傷つけるようなこと、差別するようなことは幼稚園では絶対に許しません。チビ、ブス、デブ、メガネ、キモイなどの言葉が出たときには、どうしてそういう言葉が出てくるのか、本人同士で徹底的に話し合わせます。

こうした身体的な特徴をからかうような言動は、幼稚園・保育園の段階から出てきます。その芽が出てくる段階から摘んでおけば、その後、いじめに発展するのを防げます。

自分はからかったつもりはなくても、相手はそのように感じ、不快な思いをしたのだと知ることが大切です。いじめや差別は、自分がした行為ではなく、相手がどう思うかによって決まるのだということを学びます。だから、イヤな思いをしたほうは「イヤだ」「やめて」ということが必要です。武蔵野幼稚園では、入園当初から自分の気持ちを出すことに慣れていますから、それが素直にできます。

みんなと一緒にやらないといけない場面とそうでない場面、理由をいってやめさせなければいけない場面とそうでない場面、そのどちらかで迷ったときには、この3つのポイントに照らし合わせて考えてみてください。この3つにひっかからなければ、「ここはまあいいか」と思って大らかに子どもを見守ってあげてください。

主体性は自己肯定感があってこそ生まれる

小さな頃から自己肯定感を高めていれば、どんなことでも自分から取り組んでチャレンジしていけます。自己肯定感は「自分をまるごと認める感覚」ですから、これがないと「できない自分」を認めることができないので、失敗を恐れてチャレンジできなくなってしまいます。

しかし、自己肯定感が高ければ、うまくいかなくても成功にたどりつくまでの過程と考えることができるので、努力を続けることができます。ですから、自己肯定感が高い子にとって、基本的に失敗というものはなく、できるようになるまでのひとつの過程でしかありません。「できる・できない」で評価されて育ってきていないので、そのように考えることができるのです。

いつかはできるようになると思えるから、チャレンジしようと思うものだし、努力し続けようと思えるものです。自分が信じられないと、自分の努力も信じられませんから、努力を続ける気になりません。「結果がすべて」になると、努力して結果が出ない場合、その努力はムダだったと思い、次から努力をしなくなるでしょう。

結果がすべてではないと思えるなら、ムダなものが何ひとつないと思うことができ、次につなげていくことができます。すると、どんどん努力してやっていくことが楽しくなっていきます。

他人からは努力と見えることでも、本人は夢中になって没頭していますから、楽しいだけです。世の中で一流といわれる実績を残している人は、そんな人が多いのではないでしょうか。

園では、年中のときまでに「あなたはどうしたかったの?」「これからどうしたい?」と常に問いかけていくと、年長になって花開きます。年長の7月のお泊り会ぐらいまでは年中の雰囲気を引きずっていますが、お泊り会で「親と離れても眠れた」「自分でいろいろできた」などと大きな自信を得て帰ってくると、ぐっと変わります。プールでも顔をつけられるようになったり、泳げる

ようになったりする子も出てきます。
運動会でも跳び箱で自分と向き合うということを徹底してやっていくと、自分ができるようになったあとも友達をフォローして励ませるようになっていきます。
年長になると、先生が聞かなくても「僕はこうしたい」「私はああしたい」というのが自然と出てくるようになります。それが3学期、2月に行われる劇へ、集大成となってつながっていきます。
自己肯定感をもって自分で決めていけば、ちょっとやそっとでは自分が揺らがなくなります。自分で決定したことは積極的にチャレンジするし、努力し続けるし、困難があってもやりとげようとします。

子どもの自己肯定感を上げる声かけ⑧

「あなたはどうしたかったの？」
「これからどうしたい？」

自己肯定感があれば腹をくくれる

自分で決めたことには、責任をもつようになります。責任をもつとは、腹をくくって最後までやり抜くことです。

どんな結果が待っていようとも、途中で逃げずに自分と向き合っていく、困難と対峙する覚悟をもつことです。

「この自分でやっていくんだ」と腹をくくることは、自分の人生に責任をもつことです。

何かあると、上司のせい、親のせい、社会のせい、時代のせいにして生きている人は、自分の人生に責任をもっていません。いつでも他人に要求されるまま自分を動かしてきたからでしょう。こうなると、自分のためではなく、人のための人生を生きることになってしまいます。**いつでも人生の主人公は自分であるという感覚をもって生きてほしいものです。**

年長になれば、その時々で「腹をくくらせる」ということを本人に突きつけていきます。お泊り会では、行きのバスに乗ったらもう行くしかありません。跳び箱も、ケガをするかもしれないことに挑戦するかどうかを自分で決めるのです。

年長までに、「自分でやるかどうかを決める」ということを積み上げてきているので、他者からの要求にも応えられるようになっています。要求されたことに対して、本人が決めたことについては尊重してあげればいいのです。それを繰り返していけば、決断できるようになっていきます。

5歳でできていなければ、3歳と思ってやっていけばいいのです。他者との関係が弱いと思ったら、4歳のときに戻ってもう一回丁寧にやってあげればいいだけのこと。

すべてが同じように伸びていくわけではなく、デコボコしながら伸びていく。根気がいるし、よく見ていないとできません。でも、それは親だからこそできることのはずです。

親も自己肯定感を高めよう

実は武蔵野幼稚園の先生たちも「あなたはどうしたいの？」と問われて育ってきていません。

どちらかというと、親のいうとおりに育ってきている人が多いようです。

私が、そうした先生たちに、「あなたはどんな教育がしたいの？」と問うと、「そんなこと聞かないでください！」といって、泣き始めてしまう先生さえいます。

在園児の母親からもそんな話が聞こえてきます。生真面目な親に育てられた人は、見守られるよりも監視されて育ってきていて、「ダメ！」「いけない！」と耳にタコができるほど聞かされています。

そうして否定されて育ってきている人は、自己肯定感が育たずに大人になっています。それを自覚している母親は、「子どもには自己肯定感をもって育ってほしい」というのですが、親こそあきらめないで自己を肯定する感覚をもってほしいと思います。

「できる」のがいいのであって、「できない」のはダメだ、という価値観でずっと育っていると、子どもにも同じような育て方をするものです。虐待をされて育った子は、自分が親になっても親を憎みながらも結局、親と同じような子育てを自分の子にもしてしまいます。そういう愛情の示し方しか、知らないからです。

否定されて育ってきた人は、それを自分の子にも無意識にしてしまうものだと自覚しておく必要があります。そして、その連鎖をどこかでストップさせる必要があります。まずは否定語を使わないようにすることから始めてみてください。

自己肯定感が低かった母親も、子育ての中で自分を認めていくことで、自らの自己評価が高まることがあります。30歳になっても40歳になっても自己肯定感は上がるのです。

子どもと一緒に親も自己肯定感を上げていけば、家庭は明るくなるに違いありません。

第5章

心が育てば学力も育つ

学校に通っているときは、みんなと同じことをやって、唯一の絶対解を迅速に求められる人が優秀であるという価値観で育ちます。ところが、社会人になったとたんに「他社と同じことをやっていてはいけない」「差別化が必要だ」といわれ、自分で成功への仮説を立てなければならなくなります。

会社に入っていきなり違う発想を求められると、学校で優等生として進んできた人ほど面くらってしまい、心がポッキリと折れてしまう人もいます。

社会に出て直面する問題は、どこかに答えが用意されているわけではありません。よりよい結果となるように**仮説を立てて方法を考え、試して検証して、行動を修正していく。そのことで成功に近づいていきます。**

これは今後、社会がどのように変わっても同じように必要とされるプロセスです。そうであるなら、幼少期からそうした考え方のクセをつけておいたほうがよいでしょう。

子どもの考える力は、ゼロ歳の頃から育てていきます。ハイハイをしだした頃、「あっちに行く？　それともこっちに行く？」と聞いてあげることは、子どもの考える力を育ててもいるのです。話せなくても聞いて理解しているので、その都度、赤ちゃんでも考えます。

1、2歳になったら生活の何気ない場面で選択肢を2、3つつくって選ばせます。園でもおもらしをしたり、泥遊びをしたりして着替えが必要になったときには、用意した2、3枚の中から服やパンツを選ばせます。2つのうちからひとつを選ぶというだけでも、ほんの少し頭を使います。そんな些細な場面で、実は子どもは自分の脳の中身を育てているのです。

簡単に答えを教えないから考える力が育つ

子どもの思考力を育てるために、園では簡単に答えを教えません。ボタンを押せば答えが出るようなことは、家で十分にやってきているだろうからです。

あるとき、年末から産休に入る先生がいました。年が明けて年少の子たちは先生がいないことに気づきます。

「○○先生いないね、赤ちゃん生まれたかな」

「どうだろうね」と他の先生がいうと、子どもたちは考え出します。

「もう1歳になったかな」

「3歳ぐらいになってるよ」

「5歳になったんじゃない？」

「えっ、5歳ってそうとう大きいよ？」

自分に兄や姉がいる子は5歳がどれくらい大きいかわかります。答えを出さないでいると、子どもたちは自分の頭で考えます。こうした**何気ない日常の会話でさえも、「どう思うの？」と問いかけていくことで思考力の鍛錬となるのです。**

小学生になり、大人になっていく段階でいくらでもやるはずのこと……たとえばタブレットを使った学習などは、幼児期にする必要はありません。そんなことよりも、もっと人間としての根幹の部分、基本的だけど現代社会で抜け落ちがちな部分に目を向けて、あえてトレーニングしなければならない時代だといえるでしょう。

体験で学ぶ

親から励ましてもらったこと、先生から応援してもらったこと、友達から認められたことが、肥やしになる。そこを幼児期にどれだけやれるか、感じられるかだと思っています。

さまざまな体験をする中から、それを感じることで、心が育ちます。そして、体験することは考える力、感覚も育てます。その上で知識を身につけていく。あくまでも経験が先で、知識があとです。

バーチャルなものが増えていく中で、今後は実体験がより大事になっていくはずです。**体験に裏打ちされた知識は大変強い説得力をもつものです。**それに、実際に体験したことが、聞いていたことと違ったということもよくあることです。

たとえば、博物館や美術館に行ってみましょう。すぐにネットで見られるものを、あえて体験しに行ってみるのです。体験したことのほうが知識の定着率が明らかに高いというデータが出ています。

体験とは、遊びであり、生活です。それを通して、人間にとってあるべき姿を学ぶことです。

遊びの意味：考える力・感覚を育てる

遊びとは、結果を求めない行為です。その点が、お稽古ごととは違います。砂場でおだんごづくりなどたっぷり遊んでいれば、お稽古ごとをさせなくてもいいのです。おだんごをつくって、5つつくって、2つ壊された、残りはいくつ？と考えていくから、算数がピンとくるようになります。

外で遊ぶから、国語の教科書に登場する小説の風景がイメージできるし、友達ともめるからこそ、小説の主人公の心情も理解できるようになります。子どもがもめているのを見たら、「ああやって人間関係を学んでいるのだな」と思いましょう。

園では、たこあげ、コマ回し、竹馬などの遊びを通じて、日本文化に触れながら五感や体幹を、楽しみながら自然に鍛えられるようになっています。

生活の意味：生活力をつける

現代人は生活力が著しく落ちていると感じます。ある先生に「ゆで卵をつくって」とお願いすると、「どうやってつくるんですか？」と聞いてきます。「ゆで卵さえつくったことがないのか！」と愕然《がくぜん》としました。

単純に、これまでやってきていないのだと思います。親御さんが、勉強だけしていればいいといって子どもに家の手伝いをさせないできた結果ではないでしょうか。本来、家でちゃんと教えられていれば家庭科や技術などの教科はなくてもよかったのでしょう。

生活力を身につけずに大人になり、そこへ赤ちゃんが生まれると、もうお手上げになってしまうのだと思います。**子どもが大人になってわが子を育てるときのためにも、子どものうちからお手伝いをさせて、生活力をつけさせたいものです。**目安としては、小学校に入る頃にはご飯を炊けて、カレーライスくらいはつくれるようになっておくべきでしょう。

勉強もして、ご飯もつくり、自分の靴を洗うぐらいのことはできるようにならないといけないでしょう。3歳くらいになると、包丁を使いたいとか、料理をやってみたいとか、食器を洗ってみたいといい出します。手を出そうとすると、「自分でできるから！」といって親の手を振りほどきます。そのとき、後ろからじっと黙って見守ることができるかどうか。

「ずっと見守っていないといけないのはなあ……」とか、「あとでやり直さないといけないなあ……」「時間もないしなあ……」と思いながら、それでもやらせてみる。体験したことは一生残ります。

そして、手伝いをさせたら大人のようにうまくできなくても、「お母さん、とっても助かったわ」と感謝の言葉を伝えましょう。役立ったことが誇りになり、自己肯定感も育まれます。

体験全般の意味：人間にとってあるべき姿を学ぶ

体験をする中で、人は自然と人間としてあるべき姿を学びます。

「教えてもらわなくてもそんなことは感覚でわかりそうなものだ」ということ

を、いまは理屈で教えていかなければならない時代です。テーブルの上に上っている子を見て、「まあ、カワイイ!」という親がいます。そういう親は先生が注意すると「ほーらね、先生に叱られちゃったよ」というのですが、先生が怒るから止めさせるのではなく、「ここは食事をするところだし、足を滑らせたら危ないでしょ」といわなければならないはずです。

前述した3つのポイント(「命にかかわること」「理不尽なこと」「人権にかかわること」)に照らし合わせて、人間としてあるべき姿を、体験を通して伝えていきましょう。

自然の中で体験しよう

体験する場としては、なんといっても自然の中が一番です。武蔵野幼稚園の近くには7つの公園があり、どれも自然の地形を生かしたつくりになっています。

自然の中にたたずむだけでもストレスの解消になります。**散歩で気分転換に**

なったという体験が大事で、それがあれば何か特別な場所に出かけなくても近所でストレス解消ができます。

武蔵野幼稚園の子たちもさまざまな製作をしている場面で煮詰まってくると、「ぼく、外を走ってくる!」といって、園庭を走ってすっきりした顔で戻ってくる子がいます。すでにストレス解消法を身につけているのです。「緊張する」「ゆるむ」という2つのバランスを体験によって身につけていきます。

自然の中で過ごす意味①:原理を感覚的に理解する

自然の中で遊ぶことによって、理科や物理の内容が理解しやすくなります。太陽の光はどのように差していて、風はどんなときに吹き、雨や雪はなぜ降るのか、小学生になってから理論で説明されたときに、体験したことは理解が早いのです。

鳥や昆虫、植物などの生き物の生態の理解も、実際に見たり聞いたりしているものについては理解しやすく、感動をともなったものは決して忘れません。

自然の中で過ごす意味②：五感を刺激する

公園で芝生に寝転んでみたり、草木の間を通り抜ける風を感じたりすることで五感が刺激されます。五感はいうまでもなく、人間が生きていくために必要な感覚であり、直接的、間接的に人間の学びにもかかわっています。

部屋の中で過ごすだけでは五感への刺激は弱いので、外に出て、自然の中を散歩し、遊ぶことで自然と体幹と五感を鍛えていきます。

疑似体験としての絵本

体験で学ぶのがベストですが、それに準ずるものとして本があります。乳児期・幼児期は大人がよりよい絵本を選んで与えたいものです。

疑似体験できるのが絵本のよいところです。勉強につながるとか、文字に興味をもってほしいとか、教科書がしっかり読めるようになどとどうしても考えてしまいますが、まずは心の栄養として読んでほしいと思います。

幼児期になって絵本の好みが出てきたら、子どもに選ばせるようにしましょう。地域の図書館や幼稚園、保育園に置いてある絵本の中から子どもが気に入ったものを読ませればいいでしょう。

子どもの好きなものを無視して、大人が見ていいと思うものを与えるというのは不自然です。

かつては武蔵野幼稚園でも先生たちがこれと思う本を教室に置いていましたが、あまり子どもが興味を示さなかったということがあり、図鑑ばかり見る子が多くいました。

そこで図鑑を外して文学的な作品ばかり揃えたのですが、それはおかしいのではないかと考えるようになりました。好きなものは図鑑であれ、絵本であれ、置こうということにしました。いまは子どもからのリクエストに応えたり、子どもたちの反応を見て揃えています。

子どもは、まず自分の興味関心のある分野の本を手に取ります。車が好きなら車の図鑑、折り紙が好きなら折り紙の折り方の本、という具合です。そこからだんだん本に親しんでいって、**「本というのは、おもしろいものなのだ」という感覚を得ます。その感覚が将来、大人になっても本好きになっていくもと**

になります。

絵本を読む意味①：興味関心や嗜好に気づく

絵本を読み聞かせる意味として、よくいわれるように「想像力や思考力を育てる」「親子の絆を深める」のに加えて、興味関心や嗜好《しこう》に気づくことがあります。

年長で2、3歳が読むような幼い本が好きになることもあれば、意外と大人が好きなものが子どもは好きということはよくあります。階段を上るように絵本の内容がステップアップするようなことはありませんから、「この本に興味を示さないうちの子は変なのかな」と思う必要はありません。関心はそれぞれです。

親が読ませたい本と子どもが読みたい本は違うけれども、子どもが好きなものを読ませながら新しい本にも出合わせていく。そうすることで子ども自身が自分の興味関心を広げ、嗜好に気づいていきます。

絵本を読む意味②：世の中と人間の本当の姿を知る

子どもたちは民話の絵本が大好きです。民話には人生のすべてが詰まっています。悪い行いをした人は、あとで仕打ちが待っています（因果応報）。弱くても知恵と工夫で道を切り拓くことを教えてくれもします。

また、絵本の中では不条理も起こります。自然の脅威に翻弄《ほんろう》される人間の姿が描かれます。大切な存在だったものがあっけなくなくなってしまったりします。

人生に不条理が起こったときにも、受け止めて前向きに進んでいく人生のヒントを得ます。かわいい、おもしろいだけでなく、ずるさとか腹黒さなども含めて子どもは素直に受け取ります。

さらには、世の中は平和であってほしいということも絵本から受け取ります。**小さいときから観劇や絵本に触れて、平和が大事、人と人が戦うのは悲しいことだという感覚をもった子に育てたいものです。**

以下にそれぞれの年代に合った絵本を紹介しておきます。武蔵野幼稚園ではこれらの本を教室でいつでも手に取って読めるようにしています。

乳児から3歳までの子に合った本

『ぼく、だんごむし』得田之久 文、たかはしきよし 絵／福音館書店

▶だんごむしの生活がわかり、生き物を見つめる目が育つ。

「だるまさん」シリーズ かがくいひろし 作／ブロンズ新社

▶だるまさんの奇想天外な七変化にびっくり。

『はらぺこあおむし』エリック・カール 作、もりひさし 訳／偕成社

▶くいしんぼうの青虫の大冒険。

「こぐまちゃん」シリーズ わかやまけん 作／こぐま社

▶なんでも自分でやってみたいこぐまちゃんのお話。

『コッコさんとあめふり』片山健 作・絵／福音館書店

▶コッコさんがテルテル坊主をつくって……。雨はやむかな？

『ままです すきです すてきです』谷川俊太郎 文、タイガー立石 絵／福音館書店

▶不思議で奇妙なしりとり遊びの絵本。

『てぶくろ』ウクライナ民話、エウゲーニー・ラチョフ 絵、内田莉莎子 訳／福音館書店

▶雪の降る中、おじいさんが落とした手袋に動物たちが集まって……。

『もりのなか』マリー・ホール・エッツ 文・絵、まさきるりこ 訳／福音館書店

▶ラッパを吹きながら森を歩く男の子のあとを動物たちがついていき……。

『かばくん』岸田衿子 作、中谷千代子 絵／福音館書店

▶かばくんのもとに子どもたちがやってくる。動物園の1日をかばくんの視点で描く。

『おいしいおと』三宮麻由子 文、ふくしまあきえ 絵／福音館書店

▶食べ物を食べるとどんな音がする？　いろんな音が勢ぞろい。

年少に合った本

『ねないこだれだ』せなけいこ 作・絵／福音館書店

▶せなけいこシリーズは意外な展開が子どもに人気。

『あそぼうよ』レオ・レオーニ 作、谷川俊太郎 訳／好学社

▶『スイミー』のレオーニ作。寝る前の読み聞かせに。

『ぶたたぬききつねねこ』馬場のぼる 作／こぐま社

▶全編しりとりで、言葉を覚えられる絵本。

『あおくんと　きいろちゃん』レオ・レオーニ 著、藤田圭雄 訳／至光社

▶２つの色が出会って混ざって。変わっていく嬉しさと寂しさ。

『ぐるんぱのようちえん』西内ミナミ 作、堀内誠一 絵／福音館書店

▶ぞうのぐるんぱがつくった大きなもので、子どもたちが遊べる幼稚園。

『もこ もこもこ』谷川俊太郎 作、元永定正 絵／文研出版

▶「もこもこ」「にょき」「ぎらぎら」……親子で声に出して。

『はなをくんくん』クラウス 文、シーモント 絵、木島 始 訳／福音館書店

▶臭いをかいでみれば、春がもうそこまできてるの、わかるかな。

「ぐりとぐら」シリーズ なかがわりえこ 作、やまわきゆりこ絵／福音館書店

▶ネズミの兄弟、ぐりとぐらがいろいろなことにチャレンジ！

『三びきのやぎのがらがらどん』マーシャ・ブラウン絵、瀬田貞二訳／福音館書店

▶橋を渡るヤギ、下で待ち構える不思議な生き物トロルのお話。

『おおかみと七ひきのこやぎ』グリム作 、ホフマン絵、瀬田貞二 訳／福音館書店

▶母ヤギはどうやってオオカミに食べられた子ヤギを助ける!?

年中に合った本

『おたまじゃくしの 101 ちゃん』 かこさとし 作・絵／偕成社

▶ おたまじゃくしの兄弟がいくつものピンチに直面して……。

「コロちゃん」シリーズ エリック・ヒル 作、まつかわまゆみ 訳／評論社

▶『コロちゃんはどこ？』『コロちゃんのおさんぽ』などの人気シリーズ。

「ねずみくん」シリーズ なかえよしを 作、上野紀子 絵／ポプラ社

▶ ねずみくんとさまざまな動物の楽しいやりとり。

「そらまめくん」シリーズ なかやみわ 作・絵／福音館書店

▶ えだまめくん、さやえんどうさんなどかわいい仲間がたくさん登場。

「11 ぴきのねこ」シリーズ 馬場のぼる 作／こぐま社

▶ とらねこたいしょうと無邪気な 10 匹のねこのちょっとした冒険。

『からすのパンやさん』 かこさとし 作・絵／偕成社

▶ ひょんなことからカラスのパン屋さんは大繁盛！

『どろんこハリー』 ジーン・ジオン 文、マーガレット・グレアム 絵、渡辺茂男 訳／福音館書店

▶ おうちを逃げ出した犬のハリー。帰ってきたときには……。

『とべバッタ』 田島征三 作／偕成社

▶「バッタはとびたかった」ダイナミックな絵が印象的。

「やぎのしずか」シリーズ 田島征三 作／偕成社

▶ なんでもない 1 日が驚きと感動に包まれていることに気づく。

『かにむかし』 木下順二 文、清水 崑 絵／岩波書店

▶ 残酷さと仲間と心強さと。「猿カニ合戦」を木下順二作で。

年長に合った本

「ばばばあちゃん」シリーズ さとうわきこ 作・絵／福音館書店

▶生活の知恵を教えてくれるだけでなくときには奇想天外なアイデアも。

『つきよのキャベツくん』 長 新太 作・絵／文研出版

▶同じ著者の『キャベツくんとブタヤマさん』もオススメ。

『王さまと九人のきょうだい』 中国の民話、君島久子訳 、赤羽末吉 絵／岩波書店

▶そっくりな９人のきょうだいが悪い王様をやっつける痛快活劇。

『ダンプえんちょうやっつけた』 ふるたたるひ、たばたせいいち作／童心社

▶ダンプえんちょうの挑発に個性豊かな子どもたちは立ち向かう。

『ぜったいあけちゃダメッ！』 アンディ・リー著、林 木林 訳／永岡書店

▶ダメといわれるとやりたくなるもの。シリーズほか２冊。

『おしいれのぼうけん』 ふるたたるひ、たばたせいいち 作／童心社

▶保育園でいうことを聞かない子は押し入れへ。暗闇の奥に広がる世界。

『木はいいなあ』 ユードリイ 作、シーモント 絵、西園寺祥子 訳／偕成社

▶木の枝につけたぶらんこ、りんごの木に登って…自然の魅力を感じる。

『かわいそうなぞう』 つちやゆきお 文、たけべもといちろう 絵／金の星社

▶戦争に翻弄されるゾウの運命。飼育員など大人の苦悩も丁寧に描く。

『ひこいちばなし』 大川悦生 文、箕田源二郎 絵／ポプラ社

▶とんちで大人をこらしめたり、人を助けたりする少年ひこいちの物語。

『じごくのそうべえ』 たじまゆきひこ 作／童心社

▶軽業師のそうべえが綱渡りに失敗。暗闇の先でたどりついたのは……。

第6章

子どもの「幸せな自立」のために親ができること

幼児期に授けておきたい「お金について」

「幸せな自立」を考えたとき、いまの時代に外せないのが「お金の教育」だと思います。お金で苦労している大人は案外、多いからです。幼児期からしっかりしたお金に対する考え方をもっておけば、あとであわてなくてすみます。

いまの時代、電子マネーやマネーポイントなどが出てきて、お金はどんどん抽象的なものになっています。決済方法もキャッシュレスが主になってきています。確かな金銭感覚が身についていないと、浪費して日々の生活に困るだけでなく、やりたいことの計画に必要な貯蓄ができず、自己実現の機会を逸してしまうことにもなりかねません。

基本は**「質素に暮らす」「物を買うことで解決しない」「お金を管理している感覚を養う」**の3つが大事です。

ケチでもなく、散財もせず、必要なものや有効なものにお金を使うことを考えます。親が働いたおかげでご飯が食べられるのだといいすぎるのもよくないですね。親にとっては当たり前のことですから。

毎週外食したり、ブランドものの服を着せたりする必要はありません。そうしたものにお金を使うなら、子どもが新幹線に興味をもっていたら乗って旅行するといった体験にお金を使うようにするといいでしょう。

よくあるのが、お手伝いのひとつひとつにお小遣いが設定されている場合です。何かお手伝いをするとその都度、お金がもらえるというのはちょっとやりすぎだという気がします。

お手伝いというのは、家族の一員としてやって当然の仕事ですから、ボランティア精神で、人のために役立つと自分が純粋に嬉しいという感覚でやってほしいものです。お金という報酬が用意されていると、人の役に立つためでなく、お金をもらうための手伝いになってしまいます。

「就職したら仕事をすることで報酬をもらうのだから、その感覚を幼児期から身につけておいたほうがいい」という人もいますが、仕事でも同じではないでしょうか。本来、仕事というのは人の役に立ったから報酬が得られるもののはずです。人の役に立つのが目的であり、その結果として報酬が得られるのであって、本来は報酬を得るのが目的ではないはずです。

人の役に立つように仕事をすれば、お金はあとからついてくるという考えのほうが、これからの時代には合っているのではないでしょうか。その意味では、手伝いとお金がなるべく直結しないようにすること。「お駄賃はお母さんが『お手伝いがんばってくれるからあげたいな』と思ったときにあげるね」というふうにするとか、ポイント制にするのもいいかもしれません。

お手伝いをするごとにポイントがもらえて、貯めるとテレビがあと30分よけいに見られるとか、ゲームを10分よけいにできるとか、お菓子が一個買えるとか。親を助けようと思ってやってくれるのが理想ですが、そうした方法でもいいと思います。

子どもの通帳で管理する

お年玉や入園、入学祝いで祖父母、親戚などからもらったお金は、銀行の口座で管理するとよいでしょう。そのときは、子どもとハンコをもって一緒に窓口まで行くのです。幼児期に通帳をつくってもらった経験はすごく刺激になり、社会とのつながりを感じられる経験になります。

お年玉やお祝いのお金は口座に入れて管理し、決して親が無断で使わないこと。子どもは自分がもらったお金を親に使われたことを意外と根にもっているもので、お金が汚く見えるようにもなりかねません。

自転車がほしいといったときには、自分の口座のお金で買うようにするなど、**お金を貯めたらいいものが買えるという感覚を育てていく**ことです。自分のお金で買ったもののほうが大事にしようとするものです。毎日となると大変ですが、節目のところではそうしてあげるといいと思います。

小学生になってお小遣いを渡すときには、電子マネーをチャージするのではなく、最初は現金を管理させる感覚を身につけさせるためにも、現金を財布に入れて渡すようにします。

そして、お小遣いを渡したら何を買うかはできるだけ本人の裁量に任せることです。「衝動的に使っていて、本当にほしいものが買えなくなった」とか、「無駄なものを買ってしまった、我慢しておけばよかった」と思う体験も必要だからです。

未就学児は通帳で管理すればよく、小学生になって足し算引き算ができるようになってから現金を渡すのがよいでしょう。

小学生でお小遣いをあげるときにも大きい額をもたせないこと。大きい金額をもたせると、友達におごったのにおごってくれないなどとトラブルの種になります。

お金の管理の仕方は、その家の管理状態が最も現れるところです。お金にルーズな家庭は、その他のことの管理もゆるいものです。お金はそのへんにポンと置いておかずに、常に財布か封筒に入れて管理しましょう。そうしてお金の扱いを子どもにも見せるのも教育のひとつです。

また、なんでも買ってあげるのはよくないですね。**本当にほしいものかどうか、何回か考えさせるとか、他のもので代用できないか、修理して使うことができないかという発想をもっておきましょう。**

１００円ショップがありすぎで、安いから安易に買うし、使い捨てのようにして買ってしまいます。お金だけでなく、資源や食べ物にたいしても「もったいない」の感覚をもってほしいものです。

習い事でも、何か結果が出たらおもちゃを買ってあげるというご褒美制度を採り入れがちですが、それをやっていると最終的には立場が逆転して親が買わされるようになります。たとえば、「自宅から通える大学にするから車買ってよ」というのがよくあるケースです。

親の価値観はいい意味でも悪い意味でも継承されてしまいますから、そこに注意してお金の教育をしたいものです。

ストレス対処を子どものうちから身につけさせよう

社会的な学びとしてお金のこととともに幼少期から身につけておいてほしいことは、「ストレスの解消法」です。

いまの時代、ほとんどの職業において、能力的なものはなんとかなります。やる気と時間をかけてでもやり抜く根気がありさえすれば、贅沢はできなくても普通の生活をすることは難しくないはずです。

問題なのはメンタルでしょう。能力の問題よりも精神衛生に問題があって、仕事が続けられないでいる人がとても多いのです。そのメンタルに一番影響するのが人間関係です。あらゆる離職理由の調査で、「人間関係」は常に上位に挙がります。人間関係がストレスになってしまい、仕事が続けられないでいるのです。

人間関係のストレスに強くなるには、自己肯定感をもち、自分の気持ちと相手の気持ちを調整していくことです。相手に合わせているだけでは苦しくなります。反対に、自分の気持ちを主張しているだけでは誰からも相手にされなくなります。たとえ集団の中のひとりであっても、いうべきことはいえるような確かな自分をもつことです。

日本人は、個人の意見より集団の論理のほうが重要なのだという間違った学びを得てしまっている人が多くいます。確かに「和をもって貴しとなす」といった聖徳太子（厩戸皇子《うまやどのおうじ》）の時代から集団への適応能力が高いことは日本人の特性であり、長所ではあるのですが、だからといって自分を押し殺すべきではありません。他人がいうからではなく、自分がそうすべきと思って取り組まなければ、何事も実になりません。自分を押し殺していれば、社会に出てもやがて働くのが苦しくなるのは当然です。

ちょっとわがままに見えるけれど、いいたいことをいっている人は仕事もできるし、社会で活躍できているように思えませんか。そういう人はしっかりした自分の軸をもっていますから、多少のことではつぶれません。

自己肯定感をもって自分の軸に添って生きていれば過度なストレスをため込むことはありませんし、ストレスに強い生き方ができるのです。幼児期にはストレスに強い、心の土台を築き上げておきたいところです。

ストレス対処の方法は武蔵野幼稚園でも意識して行っています。幼児期に、心と体のバランスのとり方を体験の中から学ばせていくことが重要だからです。園では、「静と動」を意識します。たとえば、午前と午後で「静」と「動」を使いわけるのです。午前中に散歩に行ったり、公園で体を動かしたりしたら、午後は絵本を読み聞かせしたり、絵を描くなどしてクールダウンさせるようにします。

工作などの製作を行うと、うまくいかないことも多くてストレスを抱えるので、そうなったときも散歩に行って発散させることを考えます。保育者にとってもいいことだし、なにより子どもが落ち着いていきます。

クラスによっては、朝一番に散歩に行ったほうが朝の会の集中力が高いこともあります。「朝の会でなかなか子どもが集まってくれない」と嘆く先生には、「散歩に行って、その後、朝の会をしたらいいよ」と助言します。風のように山を走れば、それで気がすんで気分的にも落ち着きます。

武蔵野幼稚園では茶道を取り入れています。これは究極の「静」を感じてほしいからです。体を動かしているときは興奮して楽しい、その一方でお茶のような静かな落ち着いた環境に身を置く。ワイワイみんなで動いていなくても楽しいという経験をしてほしいのです。いろいろな「楽しい」があるのだということです。

すると、小学校に行っても授業は静かに聞き、休み時間で発散する、という切り替えができます。自分で心の状態をコントロールしていくことを学んでほしいと思います。これはストレスを溜めないことにもつながります。

心の状態のコントロールができれば、精神的に煮詰まってしまうこともありません。そのためには脳ばかり使っていてはダメで、脳が疲れたら体を動かす、体が疲れたら脳を使うというふうにバランスが取れるようになれるのがいいですね。

現代人は心と体のバランスの状態を自分で把握して、自ら対処することが苦手です。幼少期から体験的にそれを身につけておけば、大人になってもうまく気分転換できるでしょう。すると、心身ともにいつも元気でいられるはずです。

「普通」であることへの強迫観念を捨てよう

第3章で述べたように、「普通」であることへの期待を母親自身が強くもっています。クラスの輪の中に入っていかないわが子を見かねて、「何してるの！　あなたも行きなさい！」と子どもの背中を押す親がいます。

頭ではわかっているけれど、いざその場面を見てしまうとつい口が出るようなのです。

あるときなど、部屋に入らない3歳の子にお父さんが、「いま行かないともう「お前は人生の落伍者なんだぞ！」というのです。

親がそうして育ってきているので、グループから外れることの恐怖があり、懇談会でも外れたことをいうとまずいから黙っています。そのせいで懇談会が何時間もかかることがあります。

イヤな人間関係をそぎ落して生きてきているから、少し厳しい意見をいわれるとすぐにそっぽを向いてしまい、孤独になっています。

そういう親を追い込むとノイローゼになるからと、育児雑誌も「無理に卒乳させなくてもよい」「あせってオムツを外そうとしなくてもよい」という記事を書いてしまいます。「その結果、4歳になっても母乳を飲んでいたり、5歳になってもオムツが外れない子がいたりというおかしなことになっている」と、育児雑誌の編集者自身がいっていました。

昔と違っていまは人の子育てを間近で見ることがないため、誰が正しいことをいっているのか判断する材料がありません。だから自己流を評価する意見ばかりを取り入れて、自己完結してしまってはいないでしょうか。

他の子の親から自分の育児に対して厳しい意見をいわれたとしても、「この

人は私のことが憎くてそういうのではない」と思うことです。

武蔵野幼稚園では、年中、年長と同じクラス（もち上がりクラス）で過ごします。ですから、2年間は親たちも同じメンバーで過ごします。1年なら嫌いな人を避けて通ることができても、2年間になるとそうはいきません。

この2年間で「子どもにとってどうなのか」という姿勢を親同士で共有していきます。これができていれば、厳しい意見をお互いにいい合ったとしても、「子どものためにいってくれているのだ」と思うことができ、わだかまりは残りません。

「子どものため」というときの「子ども」は、わが子だけでなく、クラスの他の子のことでもあります。だから、親同士は向き合うのではなく、「クラスの子ども」のほうを見ています。だから、いいたいことがいえて、いわれたことを受け取ろうとします。

もちろん、相手にとって厳しい意見のときは、いい方を工夫しなければなりません。それも園での子育てを通じて学んでほしいと思っているのです。

子育てを経て親は大きく成長する

親同士の学び合いの成果が見えるようになるには時間がかかります。本書の冒頭で述べたある学年は、親御さんたちも時間をかけて子どもと一緒に大きく成長してくれたのではないかと思います。

「この学年の運営は難しいね」と教職員の間でも話に出ていました。それが最初に出たのがお泊り会のあとでした。体力と精神的な発達の状況、育ちのバランスを見て母子分離をどうするか、みんなと歩く距離をどうするか、子どもひとりひとりに合わせたプランを親と一緒に考えたつもりでしたが、「もっと皆と同じようにできたはず」「自分の子はもっとできた」と親がお泊り会の終わったあとでいっているのを聞きました。

わが子を客観的に理解することは難しいことですし、**家と幼稚園でのわが子の違いが見えづらいこともあります。わが子を一番に考えながらも集団生活をしている中でのわが子をイメージすることが必要**なのですが、それが難しいようです。

私はそのお泊り会の報告会で、集まった年長の親たちに「文句ばっかりいわないでください！」と苦言を呈しました。まずは「無事に帰ってこられたね、よかったね」「子どもたちはがんばった」といって喜ぶべきところです。終わってから「もっとこうできた」ではなく、行く前にもっと気持ちを伝え合えればよかったと思います。

「先生たちはもっと熱量を上げて取り組んでほしい」という人もいました。母親の中には「私は、先生たちは最大の熱量でやってくれていると思う。これ以上熱量を上げてというのは違う」と発言してくれる人もいましたが、すっきりしないままその会は終わりました。

そこで夏休みに入ったので、親も先生たちも悶々《もんもん》として過ごしたと思います。2学期になり、運動会の季節になりました。学年交流会での話し合いの際に親に「運動会で跳び箱を跳ばせたいと思うか？」と聞いたところ、「そんなのなんで私たちに聞くんですか。そんなの園が決めればいいことでしょ」というう人もいました。このままではダメだと思ったお母さんたちががんばって、跳び箱のねらいや成長してほしい思いを語り、訴えた姿がありました。そうして跳び箱をすることになりました。

幼稚園任せではなく、親が「この活動では少し自分の気持ちがいえるようになってほしい」とか「あきらめないで取り組む心の強さが育ってほしい」などと意識することで、子どもとの会話も違ってきますし、励ますポイントも見えてくるし、成長したところもわかるようになります。**人任せにしていれば、「できたね」「できなくてがっかり」としか感じられません。親が意識して一緒に心を動かすと、できなくても子どもを認めるポイントが見えてきます。**そうして認められた子の自己肯定感は上がります。

親も園とコミュニケーションを取ることでこうした大事なことに気づいて少し変わったので、子どもたちも運動会では成長した様子が見られました。それで当日、年長の子は全員、跳ぶことができました。お母さんたちが「子どものためにやっぱり跳び箱をやらせたい！」とがんばったからできたのでした。子どもを通して親も「子どもにとって」を理解してくれたようでした。少し先生たちも手応えを感じてきました。

この頃からクラス懇談でも自分とは違う主張をするお母さんに対して、違う考えがあるならダメ出しではなく意見として発信するお母さんが増え、議論ができる空気ができてきていました。

そして年が明けてからの劇です。父母会の代表者会議の定例会（武蔵野幼稚園では父母会という学校のPTAのような会があり、その中の代表が集まる会のこと）でのこと。「劇は期日に間に合わないかもしれない」と年長の先生たちが母親たちに説明しました。

話し合いが長引き、取り組みが遅れがちになっていたのです。親御さんたちも納得していたようだったので、私が「劇を見られなくてもいいの？」と聞くと、ある母親は「子どもが納得してやることに意味があるから、私たちは見られなくてもそれでいい」といいきったのです。

「やっとここまで来られた」と私は思いました。**劇は親に見せるためにやっているのではない、子どもの成長のためにやっているのだ、ということがやっと通じた**と思いました。

お泊り会のときに、「うちの子は全部の日程をこなせるはずだからやらせてくれ」とずっと訴えてきた、また別の母親がいました。幼稚園のほうではこの子に対しても育ちのバランスを見て個別の用意をしていました。ところが、親は「みんなと同じ」を子どもに望んでいたようです。それが子どもにとても大きなプレッシャーになっていることを、面談でも私や担任が根気よく伝えてきていました。すると、3学期の劇が終わったとき、「いままでなら『あの役をやってほしい』とか『うちの子はもっとやれるはず』と思っていただろうけど、そうじゃない自分になれた。『子どもにとって』がやっとわかった気がする。この2年間で自分が一番成長しました」といってくれたのです。

子どもだけではなく、親も成長したから劇の成功があったわけです。子どもの自己肯定感を上げていくと、親も一緒に上がります。

傷つくこともあるかもしれないけれど、自分をあきらめずに、めんどくさい人間関係の中に飛び込んでいった経験は、必ず自分を成長させてくれる糧《かて》となります。もういい年だからとあきらめないでいれば、いつでも変わることができます。子育てとは、大人も成長させてくれるものなのだと、私たちもまた学びました。

「厳しい指摘をしてくれる人」を大切に

親の「わが子をちゃんと育てたい」という気持ちは、誰もがそうだからわかるのですが、そう思えば思うほど、子どもにとっては息苦しく感じられてしまう状況がつくられていくように思います。

「子どものため」と思っていても、それがいつの間にか「自分のため」にすり替わっていたりするのですが、自分ではそのことになかなか気づきません。人から自分の方法がまずいと指摘されると、「自分はこんなに子どものためを思ってやっているのに」と反発してしまう人もいます。

ときには自分の育児を客観的に見つめてみることも大事です。その上で、「こっちの方法がいいかもしれない」「あっちのやり方も試してみよう」と柔軟に考えられるようにしておくことです。

自分の子育てについてアドバイスしてくれて、それが「当たっているかも」と思えることをいってくれる人が身近にいることが大事です。そこで生きてくるのがママ友など親同士のつながりです。ときに厳しい指摘を受けて受け入れられないこともあるでしょう。それでも後になって受け入れられるようになるかもしれません。

いってくれる人がいてありがたいと思うことです。そこそこやれていると自分で自分を認めながらも、「もっといい方法があるかも」という意識をもって子どもを見ていく。**「自分のやり方が否定された」ではなく、「ヒントをもらえた」と思えばいい**のです。

武蔵野幼稚園では、どの学年も月に一度、保護者が集まって懇談会を開いています。担任から子どもの様子を報告して課題を伝えたり、他の親の子育てのやり方を紹介し合ってもらったりしています。

懇談会は、子育ての引き出しを増やしてもらうのが目的です。30人いれば30通りのやり方があります。その中から自分の子どもの特徴、発達段階に沿ったやり方を選択できるようになれば、子どもにとってはこれほどよい環境はありません。

懇談会は自分の考えを押しつける場でもなければ、正解を探す場でもなく、よりよさそうな選択肢をみんなで一緒に探っていく、それによってお互いを励ます場です。こうした場が成立するには、どの親の意見も尊重して聞く耳をもち、その子育ての方法を採用するかどうかは別として、相手がいっている内容を理解しようとする姿勢が必要です。

子どもを介して、ちょっと苦手な人とも付き合わないといけないクラス集団というのは考えようによっては、めんどくさいものかもしれません。

けれども、他の人のやり方を聞きながら、「そういう方法もあるんだ」とか、「自分はどっちかな？　うちの子にはどっちのやり方が合うかな？」と思えるなら、「めんどくさい」も乗り越えていけるのではないかと思います。

卒園の時期になると、「実は、最初はこんなめんどくさい幼稚園はやめて、他の園に移りたいと思っていたんです」と告白してくれるお母さんがたくさん現れます。でも、そんなお母さんが続けてこんなことをいってくれます。「めんどくさかったけれど、やり続けていったら自分が一番成長した。やめなくてよかった」。中には「私の分も保育料を払いたいぐらいです」というお母さんもいるので、「払ってくれてもいいのよ〜」と冗談で返しています。

そうして**親自身も育つので、子どもが小学校に入ってからも、親の集まりに積極的に参加するようになるらしく、ＰＴＡやお父さんの会などは「武蔵野卒の子の親だらけ」**という声がよく聞こえてきます。

子どもがいなければ出会わなかった人と出会えるのだから、子どもがいることは、なんとラッキーなのかと思わないといけないでしょう。

自分の生き方はこれでいいんだと思えれば幹が太くなるだろうし、方法論としても他人のやり方を学んで枝葉が伸びていく。園はそんな木が育つ土壌であればいいと思っています。

「子どもにとって」に立ち返れば悩みは消える

第1章の最後に述べた「子どもにとって」がどういうことなのか理解することは、簡単なようで実はかなり難しいことです。なぜなら、すでにほとんどすべての親御さんが「子どものため」と思って子育てをしているからです。

本書のような本を読むような親御さんは、本当に愛情をもって日々子どもに接していらっしゃることと思います。ただ、それはともすれば逆効果になりがちです。子どもに尽くしながらも、結果を求めてしまうからです。**「これがこの子にとってよいこと」という思い込みも含めて、結局、自分の思うように育ってほしいと願っています。**

子どもが自分の思うように育ってほしいと思う親は、無意識に「子どもを通して親として評価されてしまう」と感じているのだと思います。そうなると、子どもの成長は「子どものため」ではなくなり、「自分のため」になっていきます。子どもが自分の通信簿になってしまうのです。

親が自分のやり方にこだわりをもつのはいいことです。でも、それが「子どものため」でないのなら、そんなものは意味がありません。

「子どもにとって」を徹底していくと、「子どもがわがままになる」と思う親と、「子どもの心が育つ」と思う親がいます。そこには根本的な子どもという存在への捉え方の違いがあるように思います。

前者は、人間はしつけて矯正していかないと動物のように育ってしまうと思っています。後者は、子どもは人間らしく育つ力をもともともって生まれてくると思っています。前者の親は子どもが自ら育つ力を信頼していません。私たちは後者の考え方です。**どの子も力をもっています。大人はそれを引き出してあげるだけでいい**のです。

子どもは神様から一時期借りているようなものなのです。子どもの人生は子どものものであり、子どもは自分と似ているところもあるかもしれないけれども、一個の別の人格をもった別の人間であるということ。要は私たちの子育ての目標は、子どもを自立・自律させていくこと。経済的かつ精神的な自立であり、自分自身で律することができるようになることです。それが腑《ふ》に落ちたときに子どもも解放されて、本来の子どもらしさが出てくるのです。

すでに述べたように、武蔵野幼稚園の教育方針やカリキュラムで迷ったときには、いつも「子どもにとって」に立ち返ることによって確立されてきました。ですから、親もこの原点に立ち返れば、子育ての日々の迷いは氷解していくのではと思います。**誰のための育児なのか、自分にいつも問い続けておくこと**です。そんな日々の中で、親も子どもと一緒に学び、親としてだけでなく、人間としても成長していく。だから子育ては素晴らしいのです。

おわりに――未来を担う子どもたちを育てる者として

「必要な人に届ける」というのは本当に難しいことで、この本が、悩んでいる親御さんにちゃんと届いたでしょうか。

自分の子育てが社会からどのように見られるかを、親が意識せざるを得ないのがいまの時代です。社会の目がいっそう厳しいものになっていると感じている親も多いと思います。特に子育てを主に担っている母親には、相当なプレッシャーがかかっています。

子育ては、かつては家庭の中で祖父母から伝承されていましたが、核家族が増えてそれがなくなっていきました。子育ては人から教えてもらうというよりは、本やネットから情報を得て学ぶものになりました。しかしネットの情報が正しいとは限りません。自分の会社の商品を売りたいために、ときには専門家と称する人のコメントを載せて、いかにも科学的な装いにしている記事もあります。

そういう利害関係のないところで、正しいことを教えてくれる人、情報源をもっておかなければなりません。

自分の感覚は大事にしながらも、「これだけは外してはいけない」という点は、学んでおかねばなりません。たとえば、乳児ボツリヌス症にかかるリスクがあるため乳児にはハチミツを与えてはいけない、といったことです。

育児において外せない内容は、親はなるべく早くに学ぶことです。武蔵野幼稚園では懇談会が学びの機会になっています。

たとえば、ゼロ歳にも5歳にも同じいい方をしてしまうと、子どもを混乱させますから、「いまはこういう時期だから、こういうことに気をつけるといいよ」ということをクラスの親たちで共有すると、子どもはのびのび育ちます。

園ではその他にも、子どもの発達障害についてはすでに述べたように星山先生に年に2回、講義をしてもらっていますし、それ以外にも講師の方を招いてさまざまな方法を学んでもらうようにしています。園の教職員も一緒に学んで知見を共有しています。

自分ひとりでやろうとするから「大変だ」が先に立ってしまいますが、周りの人に相談したり、助けを求めたりしましょう。そうすれば、同じようなことで悩んでいる人や、すでに一通り子育てを経験した人たちから、たくさんのアドバイスが返ってくることでしょう。

「周りに迷惑をかけてはいけない」といわれて育った私たちは、他人に相談したり、助けを求めたりすることが、人の迷惑になると感じて気楽にできません。でも、相談されたり、助けを求められたりした側は、迷惑どころか「頼ってもらえて嬉しい」と思えたり、「自分は役に立つ人間だ」と感じることができ、それこそ自己肯定感が上がるのです。だから、迷惑だなんて考えないで、「教えて？」「どう思う？」と気軽に声をかけ合いませんか。

どうしてもそれができないとき、本書がその代わりになれれば、こんなに嬉しいことはありません。子育てに思い迷うときに、いつでも手に取ってめくってもらえればと思います。

これからの未来を担っていく子どもたちを共に育てる同士として、みなさんの育児を心から応援しています。

……この期間に身辺自立の土台をつくる

年長

目指すこと	行事	目指すこと
〃人数集団の中で自分の?割を果たす	リーダー活動を始める	グループのリーダーを決める話し合いができるようになる
季節の変化を感じ、五感を刺激する／自分のクラス、友達を意識する遊びや活動	春の遠足	季節の変化を感じ、五感を刺激する／自然の中で足腰を鍛える
収穫の喜びを知る	園外 （じゃがいも堀り）	季節の野菜について知る／旬の味覚を味わう
顔を水につけられる」など、達成感を得る／呼吸を意識する	プール 御岳山2泊3日お泊り会	集団で行動する力をつける／家族愛を感じる／自立へのきっかけ
	夏休み	
周りが見えて、自分との比較を始める／玉入れの作戦を練ることで話し合い活動ができるようになる	運動会練習 （リレー、跳び箱、荒馬踊り）	自分の得手、不得手を知る／自分の意見と他者との意見を調整する／苦手なことにも挑戦し、最後までやり遂げる
他者にも“気持ち”がある」と気づく／話し合いができるようになる準備	運動会	葛藤と努力が自信になることを知る
他者と話し合いをして物事を進める／仲間を意識しながら自己主張をする	動物園ジオラマ制作 秋の遠足	細かな作業で創意工夫を育てる
	龍神太鼓に取り組む	日本文化に触れる
日本文化に触れる　卒園まで	竹馬に取り組む	仲間の中で教え合ったり、励まし合ったりする
他者との意見調整ができる／仲間の中で役割を果たそうとする	劇の会	「人が見たらどう思うか」を意識する
	卒園式	「生きる力」が身について卒園！
とができ、他者との関係がわかる。周りが見えて比較を始める	「自分の世界」と「他者の世界」。 自分の苦手な部分も認めて、 自己肯定ができる	

武蔵野幼稚園の1年を通して、子育てで目指したいこと

	年少		年中
月	行事	目指すこと	行事
4月	入園式	思いっきり自己主張させる／足腰を鍛えて脳を刺激する	当番活動を始め
5月	春の散歩	豊かな感情を育てる（年中の秋まで）	春の遠足
6月	園外（じゃがいも掘り）	収穫の喜びを知る／自己実現・自己充実を保障していく	園外（じゃがいも掘り）
7月	プール	自分で着替えができるようになる／水に慣れ、水遊びの楽しさがわかる	プール
8月	夏休み		夏休み
9月	運動会練習（野外音楽劇）	脳内のイメージを体を使って表現できる／言葉のやり取りができる	運動会練習（野外音楽劇、玉入れ
10月	運動会	達成感を得る	運動会
11月	秋の遠足	足腰を鍛える 秋の自然にふれる	大型動物制作 秋の遠足
12月			
1月	正月遊び（たこあげ、コマ、福笑い）	日本文化に触れる	正月遊び（た コマ、かるた）
2月	劇ごっこ	「自分で決める」という行為をさせる／イメージしたものを体で表現する	劇の会
3月			
子どもがわかること	「自分の世界」のみ		「自

原田小夜子＊はらだ・さよこ

武蔵野幼稚園、柚木武蔵野幼稚園園長。他の幼稚園、保育園を経て、1989年4月から武蔵野幼稚園勤務。2008年に園長に就任し、2011年から柚木武蔵野幼稚園園長を兼任。武蔵野幼稚園勤務後、他園で感じた保育の疑問点を整理し、理想の幼児教育を追求して現在の教育方針を確立させた。

入園説明会では「めんどくさい幼稚園」を標榜する名物園長で、卒園児の親から「“めんどくさい”をやり抜いたら子どもも自分も成長した」との声多数。すぐに見つけられるようにとの親からの要望で毎日着ているピンクの服がトレードマーク。

武蔵野幼稚園＊むさしのようちえん

1974年、東京都八王子市に、金子タミにより創設。「幸せな自立」を目指した、「目には見えない根っこを育てる」が教育理念。1クラス30人の園児に対して30通りの教育を行なう丁寧な保育は、地域で高い評価を得ており、発達障害に対応した特別支援教育に取り組む幼稚園としても先駆的存在。姉妹園に、1995年創立の柚木武蔵野幼稚園がある。
武蔵野幼稚園HP ▸ http://www.k-musashino.ac.jp/
柚木武蔵野幼稚園HP ▸ http://www.y-musashino.jp/

「見えない力」を育てる武蔵野幼稚園の教え
「あと伸び」する子どもは強い心をもっている！
2020年9月16日　初版第1刷発行

著　者　原田小夜子

発行者　松原淑子
発行所　清流出版株式会社
〒101-0051
東京都千代田区神田神保町3-7-1
電話　03-3288-5405
ホームページ　http://www.seiryupub.co.jp/
秋篠貴子
ノパブリッシングプレス
ます。